文化吉林

柳河卷·上冊

弘揚長白山文化
打響吉林特色地域文化品牌

王儒林

　　吉林有文化，而且吉林文化有底蘊、有潛力、有特色、有希望。從前郭縣王府屯距今約一百萬年的石製工具到距今十六萬年的樺甸仙人洞和距今三萬年的榆樹人，從燕趙文化東進到漢武帝設四郡，從扶餘、高句麗、渤海文明的興衰更替到遼金、清朝問鼎中原，從抗日烽火、解放硝煙到新中國老工業基地的紅色記憶，從二人轉、吉劇、長影到吉林期刊、吉林歌舞和吉林電視劇現象，勤勞智慧、淳樸善良、勇於開拓的吉林人民在白山松水間創造出絢麗多彩的地域文化，成為中國文化版圖上一道獨特風景。

　　文化與山素來結緣，正如泰山之於魯，嵩山之於豫，黃山之於皖，長白山是吉林的象徵、吉林的品牌。吉林文化始終與長白山難捨難分、血脈相連，集中體現於長白山文化之中。長白山文化發源和根植於吉林沃土，是包容吉林各民族文化、蘊含吉林發展歷史、反映吉林人性格特質、凸顯吉林氣派的「大文化」，是中華民族「多元一體」文化的重要組成部分，源遠流長、博大精深，構成了吉林文化的骨骼和脊梁。在地域文化越來越受到人們關注、文化軟實力越來越成為衡量一個地區核心競爭力的重要指標的當今時代，大力弘揚作為吉林文化標誌性符號的長白山文化，把這份寶貴的文化資源保護好、挖掘好、利用好、開發好，對於打響吉林特色地域文化品牌，鑄造極具時代內涵的吉林精神，提升吉林文化軟實力，凝聚吉林改革發展正能量，無疑具有十分重要的現實意義。

近年來，我省大力推進以優秀吉林地域文化為主要內容的長白山文化建設，出台了《長白山文化建設規劃綱要》，啟動實施了長白山文化建設工程，在長白山文化資源保護研究、挖掘整理、開發利用等方面做了大量工作，取得了顯著成績。我們要進一步加強長白山文化理論研究，豐富長白山文化內核和外延，進一步加強長白山文化遺產的發掘、保護和展示推介力度，擴大長白山文化的影響力，進一步加強對長白山文化內涵的拓展和提升，把長白山文化資源更好地轉化為文化產品、文化事業和文化產業，推動長白山文化建設躍上新台階，推動吉林文化大發展大繁榮，為實現富民強省目標、中華民族偉大復興、中國夢做出貢獻。深入挖掘、研究、整理長白山歷史文化，既是一項宏大浩繁的系統工程，又是一項功在當代、利在千秋的基礎工程。希望有更多有識、有志之士投身長白山文化建設事業，讓這份寶貴的文化資源更好地服務於當代，惠澤於未來。

　　由省委宣傳部組織編撰的《長白山文化書庫》系列叢書，是長白山文化建設工程的重要標誌性成果。叢書從基礎研究、地方特色、主要藝術門類三部分，對長白山文化的歷史資源進行了全面細緻的挖掘和整理，堪稱長白山文化研究與普及的鴻篇巨製，不僅對研究和宣傳長白山文化大有裨益，而且對培育吉林文化品牌、樹立吉林文化形象也將產生積極的促進作用。在叢書即將付梓之際，謹表祝賀並向全體工作人員致以問候。

主編寄語

莊嚴

　　長白奇迤蘊靈秀，松江悠長毓文傑。千百年來，雄渾壯美的白山松水賦予了肥沃豐饒的吉林大地以生機和活力，滋養了吉林人民勤勞睿智、堅韌進取、寬容開放的精神品格，積澱了多元融合、底蘊深厚、色彩斑斕的地域文化。這獨具魅力的吉林特色地域文化猶如一株馥鬱芳香的花朵，在中華民族文化百花園中爭妍綻放。

　　文化是經濟發展之根，是社會發展之源。省委、省政府高度重視文化建設，制定出臺了《長白山文化建設規劃綱要》，把吉林省歷史文化資源工程列入宣傳思想文化工作「六大工程」之一。省委宣傳部深入貫徹落實省委、省政府的要求，開展《長白山文化書庫》建設，啟動實施了《文化吉林》叢書編撰工作，將其作為全省宣傳思想文化工作的重要舉措，周密部署，精心組織，強力推進，取得了預期成果，為全省人民奉獻了一份珍貴的精神食糧。

　　《文化吉林》叢書是《長白山文化書庫》中全景展現特色地域文化的重要組成部分。年初以來，我省廣大宣傳文化工作者以對家鄉、對歷史、對文化事業的高度責任感和使命感，不畏繁難，勤勉執著，嚴謹認真，精益求精，在資料收集、遺產挖掘、書稿撰寫等方面付出了大量艱辛的努力，進行了許多開創性的探索和實踐，圓滿完成了這次編撰任務。叢書編撰秉承傳播和弘揚吉林文化的理念，梳理總結吉林文化資源，提煉昇華吉林文化精髓，激發增強吉林人的文化自覺、文化自信，使優秀文化更好地服務於吉林的發展振興。

《文化吉林》內涵豐富，圖文並茂，辭美情摯，引人入勝，是人們認識吉林、瞭解吉林、研究吉林的概覽長卷，是吉林文化走向全國，面向國際的真誠心聲。叢書真實勾勒了吉林文化歲月滄桑的歷史縱深，生動展現了吉林文化多姿多彩的時代律動，帶我們走進吉林地域文化演進的舞臺，親身感受風雲激盪的文化事件，出類拔萃的文化人物，領略淵深源遠的文化景觀，妙趣橫生的文化傳說，體驗琳瑯紛呈的文化產品，淳樸濃郁的文化民俗。叢書將吉林文化的發展脈絡、現狀和未來，客觀詳盡地展現給廣大讀者，是一部能夠讀得進去、傳播開來、傳承下去的佳作精品。

　　鑒往以勵志，展卷當奮發。《文化吉林》這套融史料性、知識性、可讀性於一體的叢書，為我們進一步保護、研究、開發吉林地域特色文化提供了重要史料資源。作為後繼者，當代吉林人有責任、有義務肩負起將吉林文化充分融入社會主義核心價值觀，推動吉林文化發展進步的歷史使命，讓優秀傳統文化在繼承中創新，在創新中前行，在全國文化發展大格局中唱響吉林「聲音」，打造吉林文化品牌，樹立文化吉林形象。

目
錄

第四章　文化景址

第一章——

文化發展概述

文章追古蹟，化物溯原宗。柳河，自有人類活動開始，就創造了獨具魅力的柳河文化。無論是原始時期的考古發現，還是歷代王朝的演化遺存，都印證了柳河文化的源遠流長。特別是新中國成立後，聰慧勤勞的柳河人民煥發了新的生機和活力，在柳河這片熱土上，演繹了一幕幕波瀾壯闊的歷史活劇，書寫了一篇篇跌宕不朽的文化詩章！

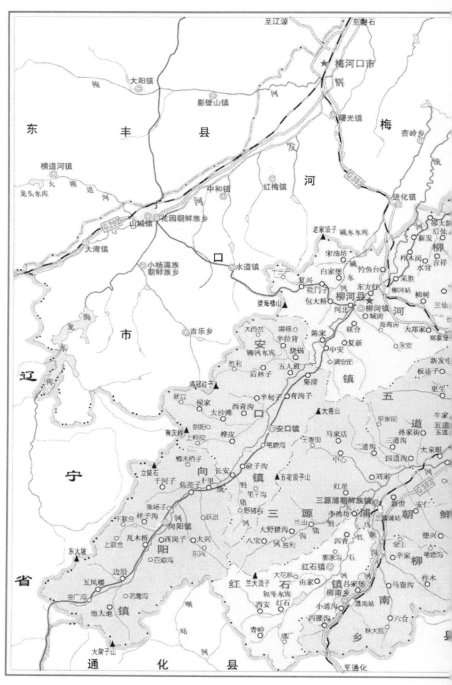

▲ 柳河縣行政區劃圖

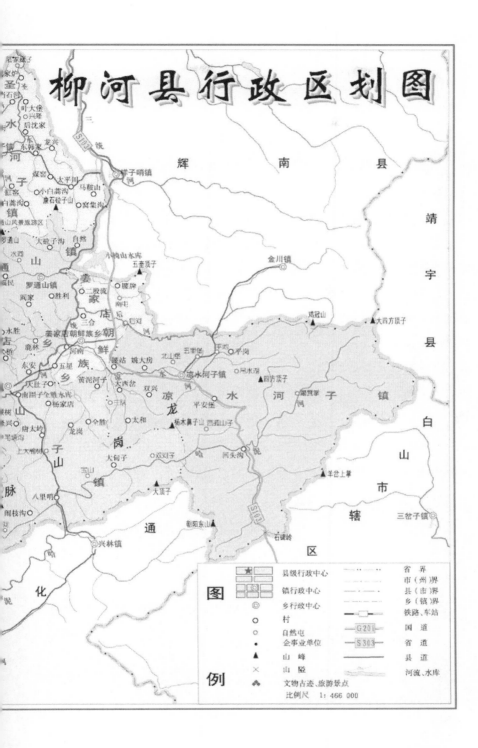

柳河县行政区划图

柳河賦

　　九州聖土，華夏軒轅，吉林寶地，篤厚東南；隸屬通化，山水相連。北倚梅河輝南，南擁通化名縣，東臨白山靖宇，西接新賓清原。地載靈秀，天厚機緣；柳韻山城，魅力家園。

　　壯哉柳河，歷史烽煙。億萬斯年，盤古開天；人跡罕至，是為邊關；柳河熱土，文明相傳。原始遺存，依稀可見；堯舜東鄙，春秋石棺；漢屬玄菟，古城新安；羅通掃北，義膽忠肝。明清圍場，皇家貢鮮。及至清末，撤台建縣；世紀沿革，已是百年。近代歷史，獨立硝煙；抗擊沙俄，有我劉寬！靖宇將軍，忠勇抗聯；解放戰爭，雄獅入關；大軍馳騁，決戰柳南；青山忠骨，義薄雲天。中華浴火重生，人民幸福樂園。與祖國同行，隨時代變遷。壯哉柳河，文明久遠；輝煌歷程，豪放詩篇！

　　美哉柳河，詩畫自然。北國風光，萬類霜天：水潤垂柳，月夜鳴蟬；霜染紅葉，雪打荒原。水奇清秀，山亦威嚴。羅通巍峨，高聳雲端；風光旖旎，霧靄峰巒；深谷幽壑，古峻奇險。觀古城牆；寒光劍影；立叫軍場，殺聲震天。刀尖峰直插雲霄，回馬嶺畏途巉岩；蹬臥虎頂，觀鎖龍潭；古剎三清宮，奇景

▲ 柳河縣全景圖

一線天；烽火台、瞭望台、點將台，台台思古；水簾洞、穿心洞、背陰洞，洞洞奇觀。三仙夾青山環繞，福興寺古木參天。關東「三寶」，馳名久遠；柳河「四香」，產業興縣；醫藥名城，特色礦產。美哉柳河，神工自然；鍾靈毓秀，物豐山川！

勝哉柳河，時代新篇。改革大潮奔湧，開放敢為人先。「一帶三區」，立意高遠；明星企業，逐鹿中原。紫鑫引領，醫藥集團；修正製藥，正本清源。酒業巨頭，龍韻匯源；紅酒薈萃，青木雪蘭。鑫鼎化工，鈺坤金選；木王家具，紅石石棉。冰酒山葡萄，稻米火山岩；中國書法之鄉，烤煙基地強縣；國家苗木市場，綠色生態之源。農村建設，今昔巨變；村鎮新貌，民生樂園。陸路交通，快捷方便，新興空港，國內航線。特色城市，山水林園；三街霓虹，一帶景觀；「六橋」飛架，長虹柳岸；世紀廣場，濕地相連。新區建設，謀劃長遠；舊城改造，快馬加鞭。勝哉柳河，跨越發展；時代潮湧，風正帆懸！

歌吾柳河兮，龍騰一統之波；頌吾家鄉兮，鷹擊龍崗之巔！傳承福地美譽，實現先輩宏願；唯有只爭朝夕，不負英雄少年！期待吾輩幾許？更當奮勇爭先！還看未來歲月，柳河風光無限！

——王相國創作於二〇一二年八月

▲ 出土於安口鎮、柳河鎮新發村一億四千萬年前的中華弓鰭魚化石

周初，柳河為肅慎氏南界。中原與東北的交往、連繫不斷加強，宣王時封韓侯北方追貊之地，大體上在燕北至松花江流域。肅慎及穢貊族系之各氏族部落的活動，與中原經濟文化交流，促進了北方經濟文化發展，在柳河境內留下了大量的遺跡、遺物。

春秋戰國，中原戰爭頻發，大量漢人移居東北，民族融合使北方社會生產出現巨大的進步。羅通山城出土了商周時期的貝幣、銅貝、雙翼銅鏃。向陽鄉王八脖子遺址出土趙國銘文銅鏃「左工」「右工」，進一步證實了這種交流的作用及影響。

元封三年（西元前 108 年），漢朝設置樂浪、臨屯、真番、玄菟四郡。玄菟郡初治沃沮城，柳河一直屬玄菟郡西北之地。治所西遷對這一帶影響極大。

▲ 出土文物

▲ 出土文物

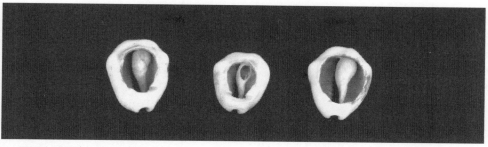

▲ 羅通山城遺址出土的貝幣

一統河、三統河流域的古代遺址和墓葬中，出土一批漢代陶器、銅劍、鐵劍。特別是釣魚台、鹼水、黑崴子南山、岬山頭、老人溝、邊沿村等遺址出土一批漢代鐵鑵，這種先進的鐵製工具用於農業生產，不僅極大提高了生產力、糧食產量、人們的物質生活水平，也極大地促進了社會的進步，加強了漢政權對北方的統治和開發。

唐高宗總章元年（668年），設置安東都護府，柳河屬之。

武則天聖曆一年（698年），粟末靺鞨首領大祚榮建立震國。唐玄宗開元元年（713年），唐王朝承認大祚榮之國，並冊封其為渤海郡王。渤海國統治東北大部，設五京十五府六十二州。柳河屬渤海長嶺府管轄（長嶺府治所在今吉林省樺甸市蘇密城）。

後唐明宗天成元年（926年），柳河屬遼東京道定理府所轄（府治所在今遼寧鐵嶺附近）。

▲ 羅通山城遺址出土的貝幣

▲ 向陽西山遺址出土的銅鏃

　　宋徽宗政和五年（1115 年），金滅遼，金兵大破遼軍，戰火蔓延至柳河西界海龍一帶。柳河屬金東京路（治所在今遼寧省遼陽）婆娑府。之後，改屬咸平路咸平府（治所在遼寧省開原）。柳河縣城東北窩吉河流域曾發現多處金代村落遺址和銅錢窖藏，出土一批建築構件、生產和生活用品及大量銅錢。

　　金末，遼東大部地區為蒲鮮萬奴之東真國割據，柳河在割據範圍之內。當時戰爭頻繁，社會生活動盪。

▲ 繪畫作品《盛京圍場》

宋理宗紹定六年（1233 年），蒙古滅掉割據一方的東真國，東北全境歸入元的版圖。元在東北設置七路一府，隸屬遼陽行省統治東北地區。今吉林省南部均為咸平府所轄（府治今開原），柳河為咸平府南境。

明太祖洪武元年（1368 年），明軍攻占元大都（今北京），結束元朝統治，很快統一全國。在東北設置都司、衛所管轄。柳河屬奴兒干都司海西女真渚冬河衛地。渚冬河衛設於永樂十三年（1415 年）。渚冬河或為珠墩河，「河在吉林城西南五百里，源出果爾敏珠墩，入雅吉善河」。雅吉善河，即今輝發河上游之柳河。一統河、三統河亦為輝發河之源。不久，屬建州衛管轄。

明神宗萬曆四十四年（1616年），努爾哈赤建立後金，其孫福臨（順治帝）定鼎中原。柳河歸屬奉天府。至康熙十六年（1677年）被封禁，設鮮圍場，作為皇室採山蔘、圍獵之地，進山須憑票，在此驗看放行，因此亦稱票山。平時，滿、漢人均不得超越，遂使山川荒蕪，人跡罕至長達二百餘年。

▲ 招民開荒照片

光緒二年（1876 年），盛京將軍崇實招民開墾，從此，柳河一帶又開始有了人煙。

光緒三年（1877 年），設通化縣。光緒四年（1878 年），於通化縣北境兼設柳樹河分防縣，隸屬通化縣管轄。分防縣設縣丞和地畝局，負責丈量土地，登記造冊，招民墾荒。此時，柳河境內山高林密，地廣人稀，野獸出沒，不畏行人。至光緒五年（1879 年），分防縣在柳樹河旁丈量街基，修建衙署，設立集市。

光緒二十八年（1902 年），正式設置柳河縣，隸屬盛京省海龍府。

宣統三年（1911 年），辛亥革命勝利，一九一二年，「中華民國」成立。

之後不久，東北實行省道制，柳河縣隸屬奉天省東邊道。

民國十八年（1929年）東北政務委員會成立，廢道制，縣歸省直接管轄，改奉天為遼寧，柳河縣隸屬遼寧省，為三等縣。

一九三一年「九·一八」事變後，東北淪為日本帝國主義殖民地。

一九四五年八月十五日，日本侵略者宣布無條件投降。中共地下黨員李冀以通化專員公署特派員身分接收柳河。同年十月十五日組建柳河縣民主政府，隸屬安東省通化專員公署。

一九四六年五月十八日，柳河縣歸屬遼寧省通化專員公署。七月二一日，歸屬遼寧省第四專員公署。

同年十月十四日，國民黨軍隊佔領柳河縣城，國民黨柳河縣政府歸國民黨安東省政府統轄。柳河縣民主政府轉移到涼水河子、大甸子、大荒溝一帶，仍屬遼寧省第四專員公署管轄。

▲《半把剪刀》劇照

一九四七年二月十八日，東北民主聯軍重新收復柳河縣城，縣民主政府隨即遷回柳河縣城。同年七月二十日安東省成立，柳河縣歸屬安東省。

一九四八年九月四日，柳河縣隸屬安東省通化行政督察專員公署。

一九四九年五月十八日，安東省撤銷，遼東省成立。柳河縣歸安東省通化行政督察專員公署管轄。

一九四九年十月一日，偉大的中華人民共和國成立，從此以後，柳河縣文化事業迅速發展，蒸蒸日上。

一九五九年一月，柳河縣評劇團成立。曾排演傳統劇目《狸貓換太子》《鴛鴦被》，現代劇目《野火春風斗古城》《白毛女》，自編劇目《龍崗七姊妹》。同年，柳河縣地方戲團改為地方戲演出隊，並經常深入農村巡迴演出。一九六二年七月，撤銷縣評劇團後，地方戲演出隊又改為自負盈虧的縣地方戲團，並堅持常年下鄉，為農民送戲上門，曾受到通化地區文教處的表揚。一九六三年十一月七日，《長白山報》刊登題為「一支活躍在農村的文藝輕騎兵——記柳河縣地方戲團」的文章，介紹柳河縣地方戲團堅持常年下鄉，不辭辛苦為農民送戲上門的事蹟。

一九八二年十一月，在縣文化局支持下，由原地方戲團老藝人白淑榮牽頭，本著「自願組合，自負盈虧」的原則，重新組建縣地方戲團。堅持排演地方戲劇目，堅持面向農村，實行大包幹，演出收入自給有餘。一九八三年一月十二日，《吉林日報》以「『吃大鍋飯』年年虧損，搞『大包幹』年年有餘」為題，報導了柳河縣地方戲團改革管理體制後取得的優秀成果。

通化專區實驗劇團青年呂劇團於一九六二年七月下放柳河縣，改為柳河縣呂劇團，深入各公社演出《醜人記》《小姑賢》《血衣記》《小忽雷》等十餘個劇目。堅持戲劇改革，推陳出新，創編了第一個呂劇現代戲《奪印》，相繼排演了《明爭暗鬥》《青年的一代》《廣闊天地》等一批大型革命現代戲，排演了《楊立貝告狀》《江姐》和《山花紅似火》等大型現代呂劇。

黨的十一屆三中全會後，柳河縣呂劇團加快改革步伐，演出劇目堅持現代

▲ 《提親》劇照

戲、新編歷史戲、傳統戲三並舉，《梁山伯祝英台》《白蛇傳》《於無聲處》《母
與子》《謝謝您·春天》等傳統與現代劇目陸續上演，深受廣大觀眾歡迎。

　　在劇目創作中，注重現代劇目的創作，排演本地區、本縣創編劇目八個，
曾參加省、地大型調演會演六次，並獲得優異成績。《帶翅膀的情報》《好花
難開》獲演出綜合二等獎，《夫妻情》《爭坡》獲演出綜合三等獎。一九八二
年，在全省青年演員匯報演出中，參加演出的五名演員分別獲得一、二、三等
獎，女主演傅洪娟榮獲優秀青年演員稱號。

　　呂劇團恢復後，始終把演出重點放在農村。一九七八年至一九八五年的八
年間，共演出一千七百九十八場，其中城鎮七百四十九場，農村一千零四十九
場。

▲《紅燈照》劇照

▲《好花難開》劇照

　　「送戲下鄉」是近年來柳河縣呂劇團堅持舉辦的一項文化惠民活動。通過關東呂劇、二人轉等精彩演出形式，不僅點亮了農村夜生活，還給村民相互之間交流、談心提供了一個良好的平台，增加了村民鄰里團結和睦的氣氛，促進了村民村風的良好發展，讓農民群眾在家門口享受到精彩的文化盛宴。

　　柳河美術界人才輩出，「民國」期間，縣立第一小學教席曹信，精繪事，尤長於放像寫生，妙筆宛然神肖，又擅油畫，所畫山水，濃淡有致，兼能測繪，柳河縣地圖最先尤其繪製。王春山所畫山水，筆態蒼老，人物花鳥栩栩欲活。於溱長於花卉翎毛，細筆宛肖。張建維擅素描、水彩、國畫及宣傳畫，為柳河縣美術教學先

▲ 少兒呂劇演出照片

▲ 送戲下鄉活動

驅，早在二十世紀三〇年代參加全國美展並獲獎。新中國成立後，高犖以水彩、國畫、宣傳畫見長，書法亦佳。

柳河美術家協會於二〇〇八年八月成立。曾多次舉辦各類展覽賽事。二〇一三年六月二十日，舉辦老年書畫展，參展作品有水彩畫、油畫和軟筆書法等作品一百零五幅，內容豐富，題材多樣，富有地方特色，或以翰墨寄情，或以花鳥記趣，融匯成一片藝術的海洋，展現了柳河老年人老有所學、老有所為和老有所樂的精神風貌。

近四十年來，柳河美術界人才濟濟，精品迭出，參加省及全國美展並獲獎者與日俱增。著名畫家有李連城、李奎星、周紹斌、李家鄉、劉鐵力、張春河、劉錫仁、楊潤實、劉玉庫、謝春雷、孫文斌、王忠甫等。柳河畫家多次參加市、省及全國美術作品展，獲獎達百餘人次。

柳河音樂戲劇舞蹈家協會於二〇〇九年十一月八日成立，積極參加節日慶祝演出活動，與共青團柳河縣委聯合組織歌手大獎賽活動，一批以中青年為主的文藝生力軍逐漸形成。

「唱響柳河」主題歌曲徵集活動的舉辦，營造了開放、和諧的城市氛圍和投資環境，展現出柳河良好的精神風貌和品牌效應，更擴大了柳河的知名度和

▲ 老年書畫展

▲ 省老年書畫協會來柳河交流

▲ 美術家協會深入民間採風

▲ 柳河縣美術家協會二〇一三年於通化東萊鄉寫生

▲ 「唱響柳河」主題歌曲光盤封面　　　　　▲ 青歌賽頒獎晚會

美譽度，提高了城市綜合競爭力，促進了柳河經濟社會快速發展。

　　連續舉辦十一屆的青年歌手大獎賽，不但激發柳河縣廣大市民愛黨、愛國、愛社會主義的熱情，豐富了全縣群眾文化生活，熱情謳歌及展示了廣大青年朝氣蓬勃、健康向上、積極創新的精神風貌，更發掘、培養出更多音樂藝術人才，推動縣域文化大發展大繁榮。

　　以縣青少年活動中心和鄉村少年宮為平台，豐富全縣青少年課餘文化生活，展示中小學生藝術教育成果，紮實推進素質教育，使全縣廣大青少年積極參與到「唱響柳河‧迎六十華誕」「展創城風采廣場演出」「童心飛翔三獨大賽」「群星閃耀詩韻飄香」「向快樂出發夏令營」「書信活動」「九九重陽節‧濃濃

▲ 青少年活動中心參加團拜會演出　　　　▲ 青少年活動中心參加通化市春晚

▲ 鄉村少年宮活動

▲ 作家協會在文學創作基地開展活動

敬老情」「慶六一免費體驗」等活動中，為中小學生提供自我展示的廣闊舞台，為柳河縣的精神文明建設做出積極貢獻。

通化市作家協會柳河分會於二〇〇五年十月二十九日正式成立，該分會掛靠通化市作家協會。成立之初共有會員十七名。二〇〇七年六月二十日，經柳河縣批准，「通化作家協會柳河分會」正式轉為柳河縣作家協會。至今，柳河縣作家協會共有成人會員六十七名。出版了長篇小說《三統河》《逃進深淵》《西遊後記》《超級代理》，小說散文集《遙望星空的遐想》，詩歌散文集《寄一個春天給你》《楓葉紅了》，詩集《老房子》《越活越明白》《月兒彎彎》《愛情水果》《成語歌謠》《彎弓室吟存》等，在市、省乃至國家級報刊發表各類文學作品五千六百餘篇（首）。

二〇〇六年柳河縣作家協會創辦《河邊柳》文學雙月刊，從二〇一〇年一月，《河邊柳》第一期開始改為月刊，印行兩千至四千份，發行全縣，柳河人寫柳河事，成為廣大人民群眾喜愛的刊物。

柳河縣詩詞學會於二〇一〇年三月二十一日成立，會員三十二人。同年六月五日，出刊《柳河詩詞》。柳河縣詩詞學會活動豐富多彩，主要有「一城柳色半城河」首句徵聯活動、春節徵聯、柳河縣「法治杯」徵文、亨通農民詩友會、廉政文化建設詩歌徵文、交通局「通衢杯」徵文、南山採風、大青山軍營

採風等活動。

柳河縣於一九八三年成立羅通山書社；一九九六年成立書法家協會。目前，柳河縣書協擁有中國書協會員十五名，省書協理事三名，省書協會員五十八名，市、縣書協會員二百四十名，全縣書法愛好者達上萬人。累計有三百餘人次入展國際、國內書法大展、大賽，一度被譽為「柳河書法現象」。

柳河縣注重發揮書法育德、啟智、審美、健身功能，把書法藝術教育納入國民教育體系，加強書法普及教育，編寫地方特色教材，從小學一年級開始，書法被列為必修科目。「從小寫好中國字，長大做好中國人」的教育理念紮根於日常教育教學，上千幅少兒書法作品在省及全國展出。堅持以城帶鄉、城鄉聯動，形成了老、中、青、少齊行動，縣、鄉、村、屯共參與的書

▲ 千人書法大賽

▲ 師生書法聯展

▲ 全縣中小學書法教師培訓會

▲ 柳河文聯成立大會

▲ 文聯開展「走基層惠農家」系列活動

法網絡體系。有近萬人可即興潑墨揮毫，加快了柳河書法大發展大繁榮的步伐。

柳河文學藝術家聯合會於二〇〇九年十一月八日成立，標誌著柳河文學藝術發展進入了新階段，從此以後，各協會工作日趨規範，充分調動會員文藝創作的積極性，開展活動，漸入佳境。

▲ 柳河縣圖書館電子閱覽室

近十幾年來，柳河加大力度構建覆蓋城鄉的公益性文化事業，切實保障人民基本文化權益，滿足人民基本文化需求，加強文化基礎設施建設，先後建立書法館、博物館、體育館、青少年活動中心和鄉村少年宮等。

柳河縣圖書館　坐落在振興大街一百三十號，交通便利，環境幽雅，

▲ 全國文明圖書館

館舍面積一千一百平方米，館藏文獻近十七萬冊。曾被國家文化部評為「全國文明圖書館」「國家二級圖書館」，多次被省文化廳評為先進集體。館內環境清靜、舒適，各種軟硬件服務設施完備。內設對外服務窗口九個：成人外借部、少兒外借部、成人閱覽室、少兒閱覽室、輔導部、採編部、文化信息資源共享工程辦公室、電子閱覽室、多媒體活動室。在企事業單位、部隊、學校、社區、鄉鎮、村均建立了圖書流通站（點）和全國文化信息資源共享工程基層服務點。以高速寬帶連入因特網，實現全館業務管理自動化及辦公自動化，實行三百六十五天免費開放。

柳河縣書法館　建於二〇〇九年六月，面積三百六十平方米，是一個集辦公、創作、展覽、交流於一體的多功能場館，是吉林省首家縣級書法展示館。該館融入「傳承、創新、交流、尚美」理念，在設計上書法與篆刻相結合，布局精美、格調高雅，突出「翰墨龍魂」主旨。館藏名家精品八百餘幅，曾舉辦過「柳河縣申創中國書法之鄉匯報展」「全國名家精品展」等三十餘次大型展覽，每年舉辦各類書法筆會五十餘次，年接待參觀者數萬人次。

▲ 柳河縣書法館

▲ 書法館偏廳

柳河縣博物館　成立於二〇〇八年六月，博物館面積五百五十平方米，分展覽區、辦公區、庫房區。柳河縣博物館緊緊圍繞「繁榮大文化，促進大發

▲ 全國名家精品展

▲ 玄武岩石材特色展

展」的戰略目標，統籌安排、合理布局、科學整合文化資源，相繼展出「慶祝建國六十華誕書法展」「中海露天書法石刻展」「火山岩稻米特產展」「玄武岩石材特色展」和「山葡萄酒特產展」等。

柳河縣青少年活動中心　成立於二〇〇五年八月，中心主體樓佔地面積七〇二四平方米，建築面積六〇三三平方米，可容納近二千人同時參加活動，中心內設辦公室、培訓部、活動部，多功能演播廳、舞蹈室、琴房、錄音棚、美術室、書法室、武術館、跆拳道館、乒乓球訓練館等一應俱全。開設聲樂、器樂、舞蹈、播音主持、乒乓球、美術、武術、英語、書法等十餘種培訓輔導班。二〇一二年又開設了汽車模擬駕駛、4D 空間結構、軟陶、布藝、機器人、建築模型、釉上彩、陶藝等科技類項目，填補了柳河

▲ 青少年活動中心效果圖

青少年科普教育的空白，滿足了全縣各類藝術人才培養的需求。目前中心已成為全國社會藝術水平考級柳河培訓中心，成為「全國青少年藝術培訓基地」。

▲「4D 空間」結構創新大賽

▲ 陶藝課堂

▲ 金達萊廣場效果圖

為方便群眾健身運動、休閒娛樂、文藝演出，柳河縣城先後建立世紀廣場、振興廣場、南山廣場、柳染丹青廣場、柳浪晴帆近水廣場、金達萊廣場等近四十個文化廣場，各鄉鎮也相繼建立文化廣場。其中柳浪晴帆近水廣場最有特色，建於一統河上，瀕臨南岸河堤，低出地面三米，高出水面兩米，東、北、西三面築有漢白玉石欄，石面雕刻梅、蘭、竹、菊圖案，廣場長一百五十米，寬三十米，由三個圓形廣場相連組成，形狀優美。廣場中間晴帆挺立，設有花壇，鮮花爭妍，姹紫嫣紅。上為藍天，下臨碧水。人們在廣場上翩躚起舞，演奏樂器，引吭高歌，憑欄觀水，是柳河一道靚麗的風景線。

鄉鎮綜合文化站、農村文化大院和農家書屋等文化惠民工程實施以來，本著「統一規劃、突出重點、整合資源、配套推進」的原則，有力推動了柳河縣農村文化事業的健康有序發展。目前，柳河縣共有鄉鎮綜合文化站十五個，農村文化大院二百一十九個，農家書屋二百一十九個，文化信息共享工程覆蓋到村，全力打造基層群眾十五分鐘文化活動圈，使柳河縣農民群眾足不出村玩有玩處、樂有樂處、學有學處。

為豐富城鄉廣大群眾文化生活，展示群眾文化活動豐碩成果，每年都會舉辦「群眾文藝會演」「慶新春秋歌會演」「元宵喜樂會」「農民文化活動月」「市民文化節」「農民文化節」「徒步節」「採摘節」等形式多樣的節慶活動，彰顯中國民間文化藝術之鄉特色，讓民間藝人和草根文化上舞台、唱主角，用飽滿的熱情、動聽的歌聲、優美的舞姿，營造喜慶、祥和的節日氛圍，為廣大群

▲ 柳浪晴帆近水廣場

▲ 安口鎮半拉背移民新村農家書屋

▲ 柳南鄉呂家堡子綜合文化站

▲ 駝腰嶺鎮六道村農家書屋

▲ 三源浦鎮浦源廣場群眾文化活動

▲「中國夢 柳河情」群眾文藝演出

▲「永遠跟黨走」文藝演出

▲ 省文化惠農直通車走進采勝村

▲ 柳河鎮好人榜

▲「徒步節」萬人行走在健康之路上

▲ 秧歌匯演

眾獻上豐盛的文化大餐。

柳河縣文化大講堂是以「鑑賞‧品位」為主題，以弘揚人文精神、發展公共文化、豐富市民生活、提升城市品位為宗旨的大型公益性文化活動。活動內容新穎，涉及面廣。多年來相繼邀請書法、繪畫、聲樂、鋼琴、舞蹈、二胡等各類專家、權威人士進行授課。從初級入門到高級欣賞分門別類、逐級遞進，得到社會各界的熱情參與和大力支持，取得顯著成效，深受柳河群眾歡迎。

通過開展各種文化活動，為廣大城鄉群眾提供更多的優秀精神文化產品，著力推進全縣公共文化服務體系建設，激發廣大文藝愛好者創作更多的文藝精品，推動城鄉文化均衡發展，為縣域經濟發展提供強力的文化支撐。

二〇〇八年以來，柳河縣多次被中國書法家協會評為「中國書法進萬家」活動先進集體；二〇〇九年十二月，柳河縣被文化部和國家文物局評為「全國文物工作先進縣」。二〇〇九年柳河縣被國家體育總局授予「全國體育工作先進縣」稱號。二〇一〇

▲ 柳河長白山講壇活動

▲ 柳河文化大講堂活動

▲ 全國政協常委、中國文聯副主席、中國書協副主席段成桂（左）為柳河縣「中國書法之鄉」授牌

▲ 中國書協副主席、中國書法名城聯誼會名譽會長聶成文（右）為柳河縣「蘭亭小學」授牌

年五月經中國書法家協會評定頒布，柳河縣成為東北三省首批、吉林省首家「中國書法之鄉」。二〇一一年柳河縣又以書法為特色，被文化部評定為「中國民間文化藝術之鄉」。二〇一三年八月，柳河縣實驗小學被中國書法家協會審批通過成為「蘭亭小學」。二〇一三年十二月，柳河縣「翰墨新農村」活動喜獲中國社會文化政府最高獎──文化部第十屆中國藝術節項目類「群星獎」。

　　柳浪聞鶯傳捷報，河濱來鳳奏凱歌。柳河人民奮發圖強，銳意進取，高歌猛進，開創了柳河文化新局面，描繪了無比壯麗的畫卷，譜寫了城鄉社會主義文化大發展大繁榮的新篇章。

第二章 ———

文化事件

惠風出新意,好雨見真情。拂去歷史的塵埃,我們依稀看到柳河文化事件的真實場景,深切地感受到柳河人民對繁榮祖國文化的追求與響往,至今仍倍感溫暖。從清朝末年的捐資助學到民國時期的「五卅運動」,從新中國成立初期的文藝匯演到今天的文化繁榮,都折射出歷史的真實,時代的風采,構成了內涵豐富、獨具特色的柳河文化現象。

熱心公益興教育 —— 劉連魁、劉泌捐資助學

　　清穆宗同治十二年（1873 年），柳河正式開禁，羅通山一帶流民漸增。除少數滿族人外，多數來自外地，主要有山東、河北、山西、遼南流民，其中山東人最多。來自燕、趙、齊、魯的流民勤勞勇敢，意志堅強，性格豪爽。他們依山傍水，艱苦創業，開墾荒地，居住地漸大，形成街區，稱「通順街」。生活穩定之後，他們對文化需求漸多，而開明士紳則致力辦學，傳承齊魯文化。光緒三十三年（1907 年）冬，柳河縣通順街小學成立，該校位於通順街河東南，校舍多為民房改建，破舊不堪，夏天漏雨，冬不避寒，桌椅缺乏，多是用土坯上面置放木板，或是學生從家裡帶來板凳。學校設備非常簡陋，辦公用品

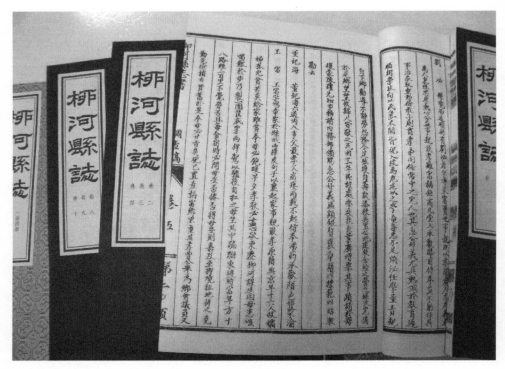

▲ 柳河縣志記載劉泌「急公好義」

短缺。由於學額不足，難以分班，同一班學生年齡差別很大，年齡小者七歲，年齡大者達十七歲，兒童、少年、青年均有，學生參差不齊，難以施教，只好採取二部乃至三部制教學，教學質量很難提高。教師工資偏低，又不能及時發放，生活清苦。前清處士劉連魁多次到學校瞭解辦學情況，見到校長和教師辦學熱情雖然很高，但是苦於資金短缺而步履維艱，便從家中拿出全部積蓄，又設法籌款義務辦學，為通順街小學修繕、擴建校舍，增添桌凳，改善辦學條件，聘請飽學之士任教，學校辦學規模逐漸擴大，深受村民歡迎。劉連魁熱心公益、捐資助學、尊師重教的義舉受到通化縣知事的表彰獎勵。其子劉泌繼承父業繼續辦學，加大投資力度，繼續改善辦學條件，全力支持學校工作。知書達理的葉廣增校長加大學校管理力度，學校步入正軌，學額大增。後來，劉泌又投資建立女子學堂，使眾多女童得以入學。民國十一年（1922 年），其辦學業績受到「中華民國」大總統黎元洪表彰，據民國《柳河縣志》卷五《人物孝義》一節載：

　　劉泌，縣境南通順街有劉泌者，字溥泉，富賈也。事親既以孝聞，處人尤有義名。為人秉性忠厚，熱心公益，事親最孝。雖富稱巨商，凡堂上承歡，膝前侍奉，莫不躬任其事。治家取重節儉，教子則首孝悌，固倫常中之完人也。其急公好義，尤具熱誠於教育通順街學校。向以民氣未開，皆視入校為危途，以之學董每患不足額。泌任學董責，親自下鄉，勸導不辭勞怨，務令足班。復自籌款，添校具，置公地，建校舍，經之營之，繼次完備。於是鄉望攸歸，人皆敬之。民國十一年，經該處學校校長葉廣增舉其事蹟，請於縣。復蒙陳耀先知事，轉請內務部頒賜「急公好義」匾額、銀質褒章，藉作標范，以昭激勸云。

李大釗萬里寄傳單——柳河學生聲援「五卅」運動

一九二五年，上海發生了震驚世界的「五卅慘案」，帝國主義這一侵華暴行，激起上海工人、學生和各界愛國人士的極大憤慨。在中國共產黨領導下，組成統一戰線，舉行工人大罷工，學生罷課，商人罷市，全力反擊帝國主義。全國各大、中城市紛紛聲援上海的反帝鬥爭，反帝怒潮席捲全國。

一九二五年六月初，柳河縣立初級中學收到北京大學教授李大釗寄來的油印傳單一卷，介紹「五卅運動」具體情況，呼籲全國各地學生行動起來，聲援上海工人運動。消息傳來，群情激奮。在進步教師張道立、馬韻秋的倡導下，將傳單發散給全體男中同學和女師同學，約定在縣立第一小學操場開會，並上街示威遊行。

開會那天，學生很早就到齊了。每人手持小旗一面。主席宣布大會開始後，首先公選縣立初中三年級級長楊振東為總指揮，二年級級長李鳳奎為宣傳部長，女師學生吳桂珍為宣傳部副部長。接著，軍樂隊在前，學生列隊遊行。學生情緒激昂，秩序井然，走到縣政府前面，高呼口號。縣長在形勢逼迫下，出來向學生講話：「你們學生只有安心求學，赤手空拳能救國嗎？」幾句話激怒了學生，演講學生挺立在圍觀群眾中，義憤填膺，摩拳擦掌，熱淚奪眶而出，沾滿衣襟。聽眾都情不自禁地涕淚交流，咬牙切齒，高舉雙手高呼：

打倒英帝國主義！

還我工人兄弟生命！

遊行隊伍邊唱歌邊呼口號，歌詞的前兩句是：

光天化日起陰風，

殺氣滿滬中……

這樣持續了數日，柳河學生的抗議行動很快遍及全縣，各校師生紛紛響應。

一九二五年六月中旬，柳河縣中學、女子師範、第一小學、第二女子小學、職業中學，為抗議青島、濟南日本工廠壓迫中國工人罪行，又舉行了一次示威遊行。

　　遊行者高呼：

　　打倒英、日帝國主義！收回租借地！

　　日本人、英國人從中國滾出去！

　　收回旅大和南滿鐵路！

　　抵制日貨！

　　廢除二十一條！

　　日本人縮在屋裡，不敢露面。遊行隊伍高聲歌唱：

　　中日建邦亞洲地，

　　疆界緊蒂連，

　　唇齒實相關。

　　言攜手，

　　講親善，

　　理應圖共全。

　　哪知假面具，

　　殺人用暗箭。

　　割去我土地，

　　侵害我主權，

　　田中內閣侵略政策錯打算盤……

　　最後柳河縣長不得不主動出面，對學生表示歉意，承認學生示威遊行是偉大的愛國行為，應全力支持。這一次全縣學生聲援「五卅運動」取得全面勝利。

▲ 柳河檔案館館藏的《地方黨史和抗聯卷》，記載了柳河群眾聲援「五卅」運動情況

全國會演展風采——郭中仁表演《摔鏡架》

新中國成立初，在羅通山一帶經常演戲的班子和個人有兩類：一是農忙種田農閒唱戲，當地稱「高粱紅」唱手，唱大塊戲，如《西廂記》《回杯記》《雙鎖山》《包公賠情》《馬前潑水》《藍橋》等經典傳統劇目；二是「四季青」唱手，常年唱戲，田間地頭，場院車店，不拘場地大小，隨時演唱，方便觀眾。

知名者當屬郭中仁，又名郭喜全，藝名郭彩蓮，後稱「小紅花」，男唱旦角，擅唱評劇、二人轉、蓮花落、民間歌曲。其來自民間，為民眾唱戲，深受群眾好評。他台上唱戲，台下和農民觀眾打成一片，說說笑笑，語言幽默，民間俗語、諺語、歇後語張口即來，插科打諢，令人捧腹大笑。民眾歌曰：

看見小紅花，

一輩子不想家。

餓了吃苞米，

渴了吃香瓜。

他兩手打板，邊打邊唱，節奏感強，唱腔甜美、流暢，唱詞通俗易懂，魅力無窮。他的保留劇目是《寒江》，其中《青紗帳》一段戲最見表演功夫。郭中仁一個人要扮演徐茂公（老生）、薛丁山（小生）、樊梨花（刀馬旦）、姜須（武丑）四個行當的角色，變得快，演得像，既變得靈活，又熟練準確。人物一變，動作、表情、音容笑貌，都得跟著變。扮誰是誰，演誰像誰，這就是他的藝術魅力。

一九五二年秋，柳河縣在二區（安口鎮）、三區（三源浦）、五區（孤山子）、六區（聖水河子）建立四處文化站，進行時事政策宣傳，輔導農民業餘劇團。年末，舉辦全縣首次農村業餘文藝會演。六區民間藝人郭中仁表演的單出頭《摔鏡架》（《王二姐思夫》），被遼東省推薦去北京參加全國首次農村文藝會演。郭中仁的表演非常精彩，唱腔優美動聽，搶板奪字，講究輕重緩急，

抑揚頓挫。舞姿優美，潑辣開朗。語言生動形象，幽默詼諧，富有鄉土氣息，親切易懂。他那手絹、扇子、口技、雜耍等絕活，贏得觀眾的一陣陣熱烈掌聲。更讓人讚不絕口的是他那段演唱：

說這樣的花，

給你六百六十六錢，

賣不賣呀？

奴家我不賣，

奴家要扎

春秋四季就各式樣的花：

哎，春哪春針扎，

桃杏花開紅似火；

哎，夏針扎，

茨菰葉兒、藤谷棒兒、好蓮花；

哎，秋呀秋針扎，

梔子、茉莉那個江西臘；

哎，冬呀冬針扎，

迎春要是探春就臘得兒梅花。

說這樣的花，

給你八百八十八錢，

賣不賣呀？

那就將就吧……

他唱的有剛有柔、有起有伏、有緊有緩、有張有弛、韻味無窮，可謂：「字正、腔圓、板清、情真」。

他表演的單出頭《摔鏡架》在全國文藝會演中被評為優秀表演獎。郭中仁歸鄉後於省內辦班，傳授技藝，培養了一大批二人轉藝術人才。

鄉鎮文化創輝煌
——大通溝文化中心步入全國先進行列

大通溝公社（現羅通山鎮）於一九七九年建設文化中心，維修廢棄十六年的俱樂部，安裝五百二十個單人折椅座席，建成了影劇院，並選拔了十三名民間藝人和業餘文藝骨幹，組成半農半藝的業餘劇團，還辦起攝影室、美術室、圖書室和遊藝室，設置籃球場和兩處櫥窗畫廊，建立業餘美術中心創作組和業餘文學創作組。文化中心的建成，使廣大農民看電影、看戲不出屯，閱覽圖書、打乒乓球、下象棋等活動，各遂心願。每逢節假日，群眾積極參加調演、賽歌、扭秧歌、猜謎語、看燈展等遊藝活動，非常活躍。

柳河縣的業餘文學創作尤為突出。一九七九年，大通溝公社創辦油印刊物

▲ 羅通山鎮通溝村文化大院廣場

《羅通春草》，由劉專主編並刻寫，內容豐富多彩，體裁多樣。《羅通春草》羅通山人寫羅通山事，為群眾喜聞樂見，具有鮮明的鄉土特點。老作家金乃祥看後，勉勵作者增強信心，繼續創作，寫出更多、更好的作品。

　　一九八〇年八月，通化地區文化局在柳河縣大通溝公社召開全區文化中心建設現場會。會議接待省內外參觀團一千零八十五人次。會後，省文化廳在全省群眾文化工作會議上推廣了大通溝文化中心建設經驗，省《群眾文化研究》刊登了《大通溝文化中心建設經驗》專輯，大通溝文化中心被評為地區和全縣的先進站。一九八一年三月，在省文化系統「雙先會」上被評為先進集體。一九八二年，在全國農村文化工作會議上受到文化部嘉獎。

　　羅通山鎮文化中心站，下設俱樂部、活動室、攝影室等場所，開辦攝影、錄像、圖書借閱、電影放映等服務項目。每年文化中心站在重要節日都會舉行文藝演出活動，豐富農民群眾的業餘文化生活，促進農村精神文明建設。一九九六年一月，羅通山鎮被評為全省「百鎮文化輻射工作先進鄉鎮」。

▲ 羅通山文藝演出活動

▌「經典柳河」創意新
——城市形象宣傳語徵集活動

　　為提升柳河縣城市品位，擴大縣域對外知名度和美譽度，增強柳河縣人民的自豪感和認同感，用最有凝聚力和感染力的語言，概括和展示柳河縣人文內涵、城市形象和新柳河精神，柳河縣於二〇一〇年三月十六日至七月五日組織開展了「經典柳河」城市形象宣傳語徵集活動。

　　活動以「經典柳河」為主題，加強新聞宣傳營造氛圍，強化社會宣傳，擴大影響，把城市形象宣傳語徵集活動從域內推廣到域外，引起全國各地、社會各界群眾的積極響應和廣泛參與。

▲ 一級公路城市宣傳牌

▲ 城市形象宣傳語

　　活動宣傳力度大、社會反響強烈、參與地域廣，覆蓋了全國二十個省份，七十一個城市，徵集到兩千零一十二條城市形象宣傳語；參與人員多，共計五百多人參與了這次徵集活動，有年近八旬的離退休老同志，有年僅八歲的二年級小學生；有工人、農民、教師、機關幹部；有山東、河北、福建、廣州等地的專業廣告創意策劃人員；作品內容全，徵集上來的作品有充分概括柳河特點的綜合性城市形象宣傳語，也有突出宣傳柳河醫藥、葡萄酒、書法、稻米及招商引資等城市品牌形象的宣傳語，還有宣傳柳河歷史、文化內涵等城市形象的宣傳語。

　　活動結束後，活動評審小組本著源於歷史、基於現實、緊跟時代、引領發展、便於記憶和宣傳的原則，對所徵集的兩千零一十二條城市形象宣傳語進行了初評。對初評入圍的三十條宣傳語通過政府網站、柳河電視台進行公示，接受公眾投票四千餘份；發出兩千餘份「經典柳河」城市形象宣傳語候選作品徵求意見書；發放五百份手機報；接受公眾手機短信投票一百九十五條。把各行業專家請來對最終優選出二十條宣傳語進行終評，最後確定金獎一條，銀獎三條，銅獎六條，優秀獎十條。

　　經過宏觀把握、反覆推敲、精確概括，策劃提煉出「水蘊文脈‧地載靈

秀」「柳韻山城‧書法之鄉；羅通故里‧新興空港」「心泊魅力柳河‧夢棲書法之鄉」等一批精彩的柳河形象宣傳語。在通梅一級公路沿線顯著位置，重裝打造了「古風古韻古山城——羅通山風景旅遊區」等大型宣傳牌匾，增強柳河文化內涵，優化柳河城市形象。

獎項	宣　傳　語
金獎	一城柳色半城河—中國‧柳河！
銀獎	百年一統河邊鎮　魅力騰飛柳河城
	宜居　宜游　宜商賈　亦稻　亦酒　亦墨香
	柳韻山城‧書法之鄉；羅通故里‧新興空港——經典柳河歡迎您！
銅獎	千年人文山水　百年魅力柳河
	集長白之山秀‧匯松江之水清—詩畫柳河歡迎您
	放眼看世界，聞香識柳河
	酒‧藥之城　稻‧墨之鄉—吉林‧柳河
	柳河（龍崗）山水清秀，空港陸路暢通
	品葡萄美酒　賞翰墨大觀—吉林‧柳河
優秀獎	山水宜居地　翰墨四香城—吉林‧柳河
	賞羅通美景　品柳河之「香」
	心泊魅力柳河　夢棲書法之鄉
	覽勝登龍崗　聞香識柳河
	觀長白奇景　品柳河四香
	柳河四香　聞達三江
	魅力龍崗　毓秀流香
	柳‧冠古今　河‧通天下
	希望之柳　夢想之河—吉林‧柳河
	尋夢東北　心泊柳河—吉林柳河歡迎您

舞風翔鸞翰墨通——柳河書法大觀

　　千古風流今勝昔，一川水墨永傳神。書法，中國傳統文化之瑰寶，視覺審美藝術之精粹。勤勞聰慧的柳河人多筆性墨情崇尚者，老中青少，尚金石、存古風、擅書藝，以字育德、以字啟智、以字溢美蔚然成風。如今，柳河書法活動，墨繫民願；書法普及，墨樹枝繁；書法景觀，墨香柳城；書法人才，墨寶璀璨。盛世興盛事，盛時彰盛舉，盛事贏盛譽。

　　柳河加強書法基地建設，建立書法館、書法公園、書法牆，學校建立書法教室，社區、農村設立專一書法活動室。為書法愛好者和廣大群眾提供展示平台，為普及書法奠定物質基礎，形成良好書法氛圍。

▲ 書法廣場

▲ 地書

柳河書法公園序

　　文字之始，文明之端。漢字象形表意，從漢字初雛甲骨，青銅祭語金文，到古趣盎然，遒勁古茂篆隸。從方圓摻雜楷書到追風逐雲，傲視群芳行草。用筆抑揚頓挫，用墨淋漓生動，點畫結體和諧，回味無窮。孕育出獨樹一幟東方瑰寶—書法藝術。曆數千載，中有晉人尚韻、唐人尚法、宋人尚意、元明尚態之論，更有倉頡造字、羲之寫鵝、世南戈法、張旭觀劍，誠懸正筆、唐寅書虎，佳話累篇，傳承不衰。書家終生守望，鐵硯磨穿，毛公鼎、西狹頌、宣示表、蘭亭序、三希堂，帖碑相承，流傳輾轉，得以楷范千秋。

　　縱觀柳河書界，與翰墨結緣者眾，卓有成就者不乏其人，他們潛心學藝，師承大雅，閱賞京都，問鼎中原，躋身國展，捧金奪銀，書法普及，

枝繁葉茂。寄情於學校鄉村，機關軍營。名家頻顧，底蘊提升。觀論書法已成柳河人文化大餐，書法作品呈奉友人商客，亦為奇珍。欣逢柳河新治，經濟繁榮，文化發展，知禮儀、尚金石、存古風、展新姿，民之所向。政府高瞻遠矚、夯實書法教育基礎、興修書法場館、建設書法景觀、申創中國書法之鄉，功在當代，惠及邑人。今以一統河陽之地，石刻銅雕，追尋書法軌跡，再現歷代精品，讓聰慧柳河人體味書法虛實飛動，神采、氣韻、意境相融之美。

書此為記。

柳河書法館序

柳河建縣百年，山川之秀美，文化之精深，民風之淳樸，使後人感悟天成之美，慨嘆人傑之靈，頓生敬仰之心。柳河書法歷史久遠，其秉承先祖漢魏遺風，博采歷代名家所長，納山水靈秀之氣，呈北國陽剛之美。且師古創新，繼往開來，經千年洗禮，數載傳承，底蘊厚重，自成一派。其古風神韻，珠璣相連，可謂源遠長者也。柳河書法好之者眾。書法可清心怡神，亦能育德明智，因之寄情崇尚者甚多，童叟懷藝，婦孺能為，斯為柳河之財富，地域之特色。每有社團活動，好之者踴躍潑墨，參與者多獲殊榮，皆為吾縣爭光耳。柳河書法溫故圖新，翰墨文化，華夏之瑰寶，吾輩獨其澤矣。地載靈秀，天厚機緣，承光大文明之重，負振興縣域之責，鑄柳河城市之魂。祈願柳河借此載體，乘勢騰飛，美譽四海矣。

柳河書法牆序

書法，中國傳統文化之瑰寶，視覺審美藝術之精粹。幾千年來，傳承不衰，凡中華賢明之士，才學之人，無不徜徉於書林之間，汲取營養，增厚底蘊。巍巍龍崗山，滔滔一統水。物華天寶，養勤勞聰慧柳河人；人傑

地靈，育筆性墨情崇尚者。欣逢申創中國書法之鄉盛時，柳河老中青書法人，尚金石，存古風，展新姿，以篆隸真行草五體，成一書卷，旨在弘揚傳統，使書法走近百姓，彰顯百尺竿頭，更進一步，欣欣向榮之景象。

為提高柳河文化品位，打造文化品牌，弘揚全縣書法教育特色，提高中小學生書寫水平、審美能力和陶冶學生情操，使書法教育成為全縣中小學生育德啟智和素質教育品牌，讓「中國夢」深入人心，柳河縣書法教育從娃娃抓起。在普及教育上下功夫是柳河縣書法發展的一大特色。注重發揮書法育德、啟智、審美、健身功能，把書法藝術教育納入國民教育體系，加強書法普及教育，編寫地方特色教材，從小學一年級開始，書法被列為必修科目。「從小寫好中國字，長大做好中國人」的教育理念紮根於日常教育教學，上千幅少兒書法作品在全省及全國展出。堅持以城帶鄉、城鄉聯動，建立十五個書協分會、二十五個書法教育基地和二百一十九個書法中心戶。通過堅持開展「一日一練、一週一集、一月一記、一季一論、一年一評」的「五個一」活動，成功舉辦書法藝術研討會，使廣大書法愛好者在書法藝術的欣賞、創作上有更大提高。設立書法藝術創作最高獎——翰墨龍崗書法創作獎，針對國際國內大展大賽獲獎者給予獎金獎勵；設立書法發展專項資金，促進書法藝術蓬勃發展。

以建設「中國書法之鄉」活動為載體，努力打造柳河文化品牌、文化名片。採取政府投入、建設組織、政策鼓勵、表獎激勵等有力措施，大力發掘歷史文化資源，充分發揮現有藝術力量，積極開展「寫好中國字，做好中國人」「中國書法進萬家」「春聯大拜年」「書香寄情」「翰墨新農村」「地書聯歡會」「軍民魚水情書法聯誼會」「教師書法大賽」「青少年書法聯展」和一年一度的「書法藝術節」等活動，從學校到社會，從大人到孩子，人人都學習書法藝術，處處都充滿書香氛圍，加快書法普及步伐。作為書法藝術的欣賞者，人們的審美情緒得到釋放，審美快感得到愉悅，審美思想得到提高。人的品位和素質在潛移默化中得以提升。活躍了文化，盤活了經濟，搞活了流通，對經濟社

會發展和構建和諧社會起到積極的推動作用。

二〇〇八年以來多次被中國書法家協會評為「中國書法進萬家」活動先進集體。

二〇〇九年中國書協在北京召開「中國書法進萬家」先進集體和先進個人表彰大會,柳河縣書法家協會獲先進集體稱號,呂昕獲先進個人稱號。

二〇一〇年五月二十四日,「中國書法之鄉」授牌儀式在柳河縣影視藝術中心舉行。來自國家、省、市及全國各地的書法家協會領導、政府相關領導及書法愛好者和柳河縣直機關工作者、學生、群眾代表一千餘人參加授牌儀式。

全國政協常委、中國文聯副主席、中國書協副主席段成桂為柳河縣「中國書法之鄉」授牌。這也標誌著東北三省首批、吉林省首個「中國書法之鄉」榮譽花落柳河。

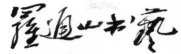

▲ 羅通山書藝報

▲ 柳河縣「中國書法之鄉」授牌儀式

黨旗飄揚歌盛世 —— 喜迎「十八大」廣場文化活動

二〇一二年十月九日至十日，在世紀廣場舉辦了「頌歌獻給黨，喜迎十八大」全民廣場文化活動。參加演出的演員達二百餘人，他們喜迎十八大，把頌歌獻給黨，用嘹喨的歌聲歌唱偉大祖國，歌唱幸福新生活，歌唱柳河的新面貌。

十月九日，豔陽高照、金風送爽、彩旗飛揚、花團錦簇。兩千餘人歡聚廣場，觀看「頌歌獻給黨，喜迎十八大」廣場文藝首場演出。呂劇、二人轉、男女二重唱、歌伴舞、器樂合奏等，節目豐富多彩，形式多樣，文化氣息濃厚，體現了柳河的地域文化特色。

大合唱《沒有共產黨就沒有新中國》，歌聲洪亮、精神振奮、氣勢磅礴，表達柳河人民熱愛黨、熱愛新中國的真摯情感。

近年來，柳河縣堅持工業富縣、綠色興縣、依法治縣、環境立縣戰略，城市變化日新月異，打造「酒、稻、清、墨」四香柳河，文化建設迅猛發展。原創歌曲《柳城新貌》《騰飛柳河》《一城柳色半城河》《魅力柳河！我的故鄉》，豪情滿懷、響遏行雲，歌唱柳河縣的巨大變化，「四香柳河」名揚全國，新城建設日新月異，可謂：「柳暗花明佳麗縣，河輝山美富饒城」。

《東方為什麼紅》《相聚中華》《親愛的祖國我愛你》等大型歌伴舞，激勵全縣三十八萬人民團結奮鬥，開拓創新，譜寫新的華美樂章。

十月十日，舉行「頌歌獻給黨，喜迎十八大」廣場農民藝術會演，來自全縣十五個鄉鎮的農民朋友歡聚一堂，用鄉土聲音為祖國歌唱，用樸實的表演為十八大獻禮。

秋天，一個美不勝收的季節；秋天，一個流連忘返的季節；秋天，一個充滿歌聲的季節；秋天，一個充滿歡笑的季節。金秋的節目展現了新農村、新文化、新風尚、新變化，體現了農民文化的新特色。三句半《說說柳河大發

▲ 喜迎十八大廣場文藝演出

▲ 喜迎十八大廣場文藝演出

▲「頌歌獻給黨」廣場文藝演出

▲ 喜迎十八大暨抑河縣首屆農民藝術匯演

展》、獨唱《春天的故事》、舞蹈《希望》、歌曲《走進新農村》，表達全縣人民在萬眾一心奔小康的幸福路上，在文化大發展大繁榮的濃厚氛圍下，不斷取得輝煌成就的無限喜悅之情，美妙的歌聲化作深情祝福，祝福家鄉柳河富足安康；動人的舞姿表達衷心的祝願，祝願偉大祖國繁榮富強。

羅通山鎮群眾文化豐富多彩，二人轉小調幾乎人人都會唱幾句，吟詩、繪畫、書法人才輩出。羅通山鎮劉子才、彭麗鳳表演的二人轉《西廂聽琴》，唱腔優美、吐字清晰、有板有眼、情真意切，贏得觀眾熱烈的掌聲。時家店鄉王妍的《孔雀舞》，舞姿輕盈優美，具有鮮明的民族特點，表現出較高的藝術水平。

通過廣場文化活動的開展，熱情謳歌了黨的光輝業績，進一步增強了黨的凝聚力和戰鬥力，豐富了廣大人民群眾業餘文化生活，滿足了廣大人民群眾的精神文化需求，進一步加速柳河文化事業的大發展大繁榮，為慶祝黨的十八大勝利召開營造良好社會氛圍。

▲ 喜迎十八大暨柳河縣首屆農民藝術匯演

老當益壯獲殊榮——柳河老年大學亮相北京

二〇一四年六月二十八日，中華夕陽紅文藝杯全國老年（大學）文藝大賽頒獎大會，在影響中國前途命運的黨的十一屆三中全會召開之地——首都京西賓館隆重召開。來自全國十六個省（市、區）的一百五十多名獲獎代表出席大會。柳河縣老年大學派出了十人的代表團，分別榮獲集體和個人獎項。

中華夕陽紅文藝杯全國老年（大學）文藝大賽，是二〇一四年年初中華夕陽紅文藝杯全國老年（大學）文藝大賽組委會和北京國尚文化藝術發展中心大賽組委會發起，面向全國老年大學和老年人舉辦的文藝活動。大會共收到全國老年人創作的文學、書法、繪畫等各類作品兩萬九千件，大賽組委會從中評選出個人金獎一百名，銀獎二百名，優秀獎三百名；評選出集體優秀組織獎、優秀集體獎、模範基地等四個獎項。柳河縣是唯一一個囊括三項集體大獎的老年大學，並獲得個人金獎、銀獎和優秀獎。

頒獎會上，郜德啟代表全國獲獎集體發言。他發言的題目是「讓文學的光輝燭照我們」，全文如下：

我出生於一九四九年，小時候家裡生活困難，上學的學費是父母含辛茹苦地勞作，尤其是母親挖藥材，採摘酸棗賣錢積攢的。至今我的記憶中，母親手上劃出的道道血口子都是十分深刻的。生活的貧困，激發了我求知上進、擺脫困境的願望。初中畢業後，全班三十八人僅我一人考上了師範學校。

小時候生活貧困，沒錢買書看，就向小夥伴借書看，多是小人書，也有小說，如《林海雪原》《苦菜花》《烈火金剛》等等。小時候看了不少文學作品，這些文學作品，對我影響很大。書中英雄人物的光輝形象和革命精神，對我影響很深，鼓舞我自立自強，昂首前

進。可以說文學曾伴隨我成長，對我世界觀的形成起到十分積極的影響。

　　長大了，走向社會，參加工作，文學依然滋養著我們。文學是社會的折光，人生離不開文學。我們的許多知識，許多道理，都是從文學作品中獲得的。文學對於每個人的思想、精神氣質、道德品質都有十分重要的影響。文學對於社會風氣也有著十分重要的影響。我每當依在床頭，認真閱讀《讀者》《思想與智慧》等文學雜誌時，就會使自己的心情敞亮，如飲甘泉，使心靈得到滋潤。

　　退休後，有了大把的閒暇時光，有句話說「樹老怕空，人老怕松」。我仍然堅持閱讀。可以說文學閱讀，使我增長了知識，開闊了視野，增加了閱歷，洞明了許多事理，思想境界得到了提升。常常在閱讀中，自己有了靈感，有了感悟，就提筆寫出來，促進文學創作。尤其是我還為老年大學文學寫作班講課，可以說，在文學閱讀和創作中，為講課提供了許多精彩的資料。在講課中我深深體會到，文學對

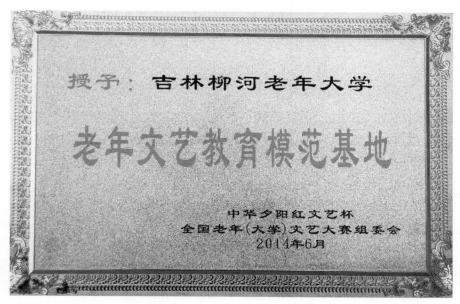

▲ 柳河老年大學獲得全國唯一「模範基地」榮譽

▲ 柳河老年大學部分獲獎代表

於人的精神影響實在太大了,「腹有詩書氣自華」。老年大學寫作班的老年朋友,通過文學寫作的學習以後,不僅在寫作知識技巧上有了很大提高,他們的精神面貌也有了很大變化。他們更豁達了,更陽光了,更自信了。大家創作了許多詩歌、散文,在《河邊柳》《群眾文化報》上刊發,尤其是參加了中華夕陽紅文藝杯全國老年大學大賽,獲得了十個金獎、七個銀獎、一個優秀作品獎,並到北京參加領獎,在桑榆之年,書寫了光輝的一筆。

　　人生有幸走進文學,讓我們不斷用文學滋養自己,在文學的天地徜徉,辛勤耕耘,繼續書寫更加光輝的篇章。

郜德啟的講話贏得了陣陣掌聲。

聯歡會上,柳河老年大學集體演唱了校歌,好評如潮。柳河縣老年大學代表團團員同各地老年大學建立了廣泛連繫,宣傳和推介了柳河的文化發展盛況。

▎農民文化結碩果——柳河縣舉行首屆農民文化節

　　為進一步活躍、豐富全縣廣大農民文化生活，充分展示柳河縣農民文化風采，二〇一四年七至八月柳河縣以「美麗鄉村・幸福生活」為主題舉辦了農民文化節。

　　七月一日至八月三十一日，「送文化下鄉」惠民活動面向柳河鎮采勝村、三源浦鎮尹家村、安口鎮砬子溝村、孤山子鎮二道村、向陽鎮邊沿村等十三個重點貧困村，以讚美家鄉、讚美農民群眾為主題，開展文藝演出十五場，免費贈送科技圖書五千冊，農業科技知識講座十五場，巡迴放映電影一千零三十六場（次）。

　　二〇一四年七月十六日，「通化・柳河農民文化節」全面啟動儀式暨「新農村・新農民・新風貌」專場文藝演出在柳河縣五道溝鎮油松村拉開帷幕。活動現場，市縣相關部門向油松村捐贈了總價值六萬五千元的圖書、攝像機、農業物資、乒乓球案台、辦公書櫃、秧歌服、手持電視等物資。同時，文藝院團與當地百姓聯動，紛紛登台獻藝。具有地域特色的二人轉、二胡重奏、民歌獨唱、情景舞蹈表演等各類藝術形式輪番上演，為廣大農民群眾獻上了一場豐盛的文化盛宴。

　　八月十四日，「通化市文藝節目展演暨農民歌王爭霸賽」在通化廣播電視台舉行。通過縣內海選、預賽、決賽，柳河縣周岩、李凱、仇金文、謝軍、鄭維國等十餘名選手參賽。舞台上他們精神飽滿，激情昂揚，川劇變臉、民樂合奏、呂劇聯唱……一個個精彩節目贏得現場觀眾的陣陣掌聲，尤其聖水鎮五大家村農民孫永鵬的川劇變臉，短短五分鐘變換九張臉譜，更是征服了現場的觀眾和評委，活動結束後柳河縣取得了一等獎一名，二等獎一名和三等獎四名的優異成績。

　　八月二十六日，以「美麗鄉村・印象柳河」為主題的書畫攝影藝術作品

展，在柳河縣文化館開幕。面向全縣攝影家、書畫家和廣大文藝愛好者徵集到反映柳河城鄉建設新面貌的書畫、攝影藝術作品二百餘幅悉數參展。開展以來，儘管天氣炎熱，仍然吸引不少市民前來觀看，觀展人群川流不息，累計人數達三千五百餘人次。展覽結束後，所有參展作品分類評獎，書法作品評選出一等獎一名、二等獎兩名、三等獎三名和優秀獎八名；美術和攝影作品均評選出一等獎各一名、二等獎各兩名、三等獎各三名和優秀獎各五名。評選出的優秀作品代表全縣參加通化市作品展並取得一等獎一名，二等獎四名，三等獎四名的優異成績。這些作品代表柳河縣藝術創作的新水平，也是全縣藝術創作和藝術人才培養成果的新展示。

　　九月三日，「草根文學夢主題培訓創作活動」和「結對子、手拉手活動」組織作家協會，深入姜家店鄉船口村、駝腰嶺鎮新發村、紅石鎮李油坊村等三十個農家書屋輔導巡講，舉行各種形式的讀寫講座三十場，有針對性地指導農民文學愛好者提高文學欣賞、寫作水平，與農村文學愛好者進行面對面交流和輔導，現場創作詩詞、詩歌等文學作品。

▲ 農民文化節演出現場二胡重奏《賽馬》

九月十二日，開展「文化知識普及月」活動。縣文化館與全省重點扶持貧困村結對子，開展培訓輔導三次，累計培訓村（屯）文藝骨幹二百餘人；組織全縣文化大院帶頭人參加通化市農村文化大院負責人培訓班，參與全市文化大院帶頭人（負責人）經驗交流座談會，進一步提高基層文化骨幹業務水平。

　　為使「柳河縣農民文化節」健康運行，加大力度宣傳舉辦農民文化節的目的意義和做法成效，宣傳黨和政府對農民文化關懷和所採取的實際惠民舉措，宣傳廣大農民精神風貌和文化風采，宣傳開展豐富多彩農民文化活動給農村、農民帶來的新變化，柳河電視台、廣播電台利用《柳河新聞》和每天早晚黃金時段循環播出「吉林省農民文化節飛標」（三十秒）和「吉林省農民文化節電視宣傳片」（三十秒）。在農民文化節期間加大宣傳報導力度，上報各類新聞稿件三十餘篇，發表十餘篇。

　　歷時兩個月的「農民文化節」活動充分展示了柳河縣廣大農民群眾的精神風貌和風采，激發他們建設幸福家園的熱情，為建設殷實富裕、自信快樂、舒適健康、和諧幸福的柳河營造了良好的文化氛圍。

▲ 聖水鎮農民孫永鵬參加通化市農民文藝節目展演

歌舞蹁躚「中國夢」
—— 「龍崗韻·少年志·中國夢」廣場演出

　　二〇一四年八月七日，柳河縣「龍崗韻·少年志·中國夢」廣場文藝演出，在青少年活動中心和安口鎮明德希望小學活動站，師生聯合表演的器樂合奏《夢裡水鄉》中拉開序幕。整場演出分三個篇章：第一章《龍崗韻》，通過戲曲《呂劇故鄉呂劇情》，表現柳河人民對呂劇文化的熱愛與傳承。青年舞蹈教師馮雪表演的獨舞《柳韻》表現了「一城柳色半城河，片片柳葉隨風和，碧柳逐浪翩翩舞，河畔柳韻情為歌」的美麗景色。第二章《少年志》，通過朗誦《少年中國說》，舞蹈《再現翰墨情》《歡樂草原》，兒童歌曲聯唱《快樂的節

▲ 戲曲表演《呂劇情》

日》《讓我們蕩起雙槳》，架子鼓演奏《最炫民族風》，電子琴二重奏《紫竹調》，跆拳道表演《真英雄》等，表現青少年兒童對祖國的熱愛和對生活的美好憧憬。創編快板《多彩世界》，對柳河青少年活動中心進行全方位介紹，展示青少年兒童在活動中心學習、生活的美好畫面。第三章《中國夢》，通過舞蹈《我的夢》、表演唱《祝福你親愛的祖國》、武術表演《中華武魂》等，表現青少年活動中心師生對偉大祖國的美好祝福，對中國未來的堅定信念，為實現中國夢而努力的豪情壯志。

演出以青少年活動中心全體教師的詩朗誦《中國夢》、合唱《共圓中國夢》落下帷幕。

青少年活動中心和安口鎮明德希望小學三百餘名師生參加了演出。縣政協、縣教育局全體機關人員和第一高中師生共計三千餘人觀看了演出。

▲ 武術表演《中華武魂》

▲ 古箏表演

▲ 舞蹈《歡樂草原》

第三章
——

文化名人

詩書千古事，風雨十年人。獨具特色的柳河文化孕育了博學多識風格迥異的文人墨客，在建縣百年的風雨歷程中，特別是新中國成立後，柳河經濟的快速發展促進了文化事業的空前繁榮，湧現出一大批文化名人，他們將中華傳統文化根植於柳河這片沃土，創作出具有鮮明時代特徵的優秀文學作品，極大地促進了全縣精神文明建設。

勤政為官正氣生 —— 書畫家、收藏家陳衍庶

　　陳衍庶（1851年-1913年），一作衍鹿，安徽懷寧（今安慶）人，字昔凡，又名衍鹿、陳庶，晚號石門漁隱、石門湖叟、石門湖客、石耕老人。室名四石師齋（因書畫以鄧石如、劉石庵、王石谷、沈石田四家為師而名）。晚清民國富商、大收藏家。他在北京的琉璃廠投資開設了頗有名氣的「崇古齋」古玩店，並在奉天（今瀋陽）設有分店。陳衍庶是陳獨秀的叔父，陳獨秀後嗣為子。

　　一八七五年陳衍庶中舉，從此步入仕途。先後在東北懷德、柳河、遼陽、新民等地任職。光緒二十八年（1902年）為柳河縣首任縣長。一九〇二年八月十二日到任後，就以文告的形式給通化縣正堂寫信，言及通化縣是舊衙門，財大氣粗，能否從人力、財力、軍力上予柳河以幫助。當時正值兵燹之後，柳河盜賊充斥，屢遭盜劫，土匪猖獗，地面凋敝，社會動盪，百姓不安。陳衍庶設立鄉團，大力收捕，先後拿獲賊匪七十餘名，立即正法，地方賴以平安。

　　陳衍庶工書、畫，擅山水，以王翬為宗。與姜穎生（筠）齊名，而神韻過之，蕭謙中曾從其學畫。其公務之餘，常吟詩作畫，名揚京都。

　　「昔凡」是陳衍庶最喜歡用的印章，或書或畫得意之時，總會工工整整在上面鈐上一款。陳衍庶晚年歸隱故里安慶，與書畫界往來頻繁，是時同為安慶籍的國畫家姜筠（穎生），稱「當時畫家無出其右」。黃賓虹在《近數十年畫者評》中，則稱讚「陳昔凡、姜穎生，皆左清輝而右麓台。」陳衍庶是書畫鑑賞家，更是成就頗高的書畫家。陳衍庶為自己畫室取名「四石師齋」，表明他對鄧石如、劉石庵、王石谷、沈石田的崇拜。陳衍庶習書作畫，早年主要以王石谷為師，他的藏畫，也以王石谷為最。王石谷作畫強調「以元人筆墨，運宋人丘壑，而澤以唐人氣韻」，陳衍庶早期作品受其影響，畫風謹嚴。後隨年齡增長，閱盡人間世事，用筆開始粗厚蒼勁，內含無盡骨力。他的畫作以山水見長，簡練蒼渾，自稱是「虞山派」。陳衍庶的扇面《和松庵圖》，作於清光緒

十九年（1893年）正月十八。古代中國，書畫家附庸風雅，都喜歡在扇面上習書作畫，或自己把玩，或贈予友人，扇面畫因此獨成門類。其中保持原樣的叫成扇，裝裱成冊頁的稱扇面（細分為團扇與摺扇）。陳衍庶所作扇面《和松庵圖》，為臨摹之作，原作是王石谷為宋牧仲畫的「西坡六圖之一」。扇面中間上方，陳衍庶題有「癸巳上元後三日臨似」說明。扇面是應「義乾仁兄大人雅屬畫」，落款為「弟陳庶」，下方鑴有「昔凡」印章。陳衍庶作此扇面時，剛剛過不惑之年，雖長期生活在北方，但對長江之濱的安慶，仍有一種割捨不斷的思念。他的這種情緒，在畫作中充分表現了出來。數株飽經滄桑的老松，掩映在老松間的幾間雅舍，獨坐在廳堂內的老叟，清清淡淡，平平常常，但行筆之處，是對繪畫藝術的深刻理解，也是對田園生活的深深眷戀。陳衍庶的扇面相當出色，《湖社月刊》曾刊載他作於光緒十八年（1892年）的山水扇面，並高度讚揚他「與姜穎生齊名，而神韻過

▲ 陳衍庶作品

之，近代蕭謙中其弟子也」。

陳衍庶所作山水（立軸）、山水平遠圖（立軸絹本），立意高遠，工筆至佳，為人稱道。

安徽博物館現藏有陳衍庶堂幅《雲嶂層樓圖》，軸《撫羅聘斗笠先生像》，扇面《仿耕煙江山雪霽圖》。扇面《和松庵圖》現由安慶迎江寺收藏。

在收藏界，陳衍庶名氣很大。光緒二十六年（1900年），陳衍庶在古玩商張鴻端勸說下，投資白銀萬餘兩，在北京琉璃廠開設古玩鋪「崇古齋」，其匾額由書法大家陸潤庠題寫。宣統二年（1911年），又在瀋陽大南門設立「崇古齋」分號。民國二年（1913年），陳衍庶去世，京瀋兩地的「崇古齋」由續絃謝氏繼承。「崇古齋」現改為「承古齋」，匾額為李可染題寫。

陳衍庶書法亦佳，工楷、行、草書，尤擅行、草書，點畫自如，奔放灑脫，剛柔兼濟，筆勢開張，逸宕靈動。

▲ 陳衍庶篆刻作品

撰修縣志寫春秋
—— 民國柳河縣第十二任縣長陳耀先

陳耀先，又名紹藩。於民國十一年（1921年）至民國十六年（1927年），連任柳河兩任縣長。其為人溫雅謙恭，和藹可親，文武兼備。蒞任後，興利除弊，勵精圖治，勤政愛民。凡事必親臨其境，方能定策，是以對縣內風俗人情，地理環境，莫不明如指掌。

其蒞任當時，柳河各區、村、學校、保甲等處用房，多數租自地方紳富之家，每年耗資巨額，因而加重百姓負擔。其有鑑於此，就親自按區巡視。凡屬租賃者其則極力籌款，組織地方購入，既減輕民眾負擔，又杜絕劣紳要挾之弊。

其於細微之處，亦可見愛民之心。當時，完交錢糧畝捐（農業稅）均在秋收之後開徵，而且必須於徵收處長時等候。其將徵收處改為地炕，以資取暖，為交糧者提供方便。

其重視教育，興建學校不遺餘力，而且注重實物教學。當時，柳河並無中學，其於民國十三年（1924年）建立柳河中學，見理化教學急需教學儀器，又於民國十五年（1926年）從上海商務印書館、中華書局購置了理化儀器、植物、礦物標本、人體解剖模型及各種掛圖。因當時財政支絀，其乃解私囊慨助，使學生受益匪淺。同時其注重培養高級知識分子，選送留德學生一人，學採礦冶金；留美學生一人，學化學。其對地方治安，亦極重視。當時土匪出沒無常，攻城破鎮，搶擄燒殺，為害頗巨。其乃命地方武裝堵擊，對流竄土匪，其以電話指揮，多數獲中，很少倖免。以其對地理環境之諳熟及對具體情況分析之確切所致。民國十六年（1927年），土匪攻打柳河縣城，四門皆失陷，唯縣府及警務局之兵力抵抗。此時，警務局長姜義鑾於情況危急，願掩護陳耀先棄城逃走，其毅然說：「城在與城在，城亡與城亡。」遂令內人煮雞蛋，備設

酒菜，犒勞士兵。於是，士氣大振。姜義親自放炮，敵懾於炮威，乃狼狽逃竄。追擊時，於俘虜中查獲少年土匪（即匪首之通訊員，俗稱崽子）一人，但念其年幼無知，且係脅從，乃毅然釋之。由此可見其之為人。平息匪患後，民眾為其立功德碑。

碑文如下：

國務院存記簡任職四等嘉禾章柳河縣知事陳公

北鎮李維楨撰文　金州李西書丹並篆額

龍少陳公紹藩，印耀先。以民國十年冬住柳河知事，下車後，勤求治理，身不遑安，日思所以恤人民，而蹲其疾苦。其初以微糧無專所廛，附在二科穴壁作孔，致完糧者，擁擠稽滯，不得納，乃為改築巨室、明示等，則人以為便。土地登記手續繁重，農民每一忽略銜期。公傷清賦股為之，按張代辦，一舉而兩得，且省費不貲。方雜款向各由區經收，報解少而中飽多，久為弊窟。公改革之，於是涓滴歸

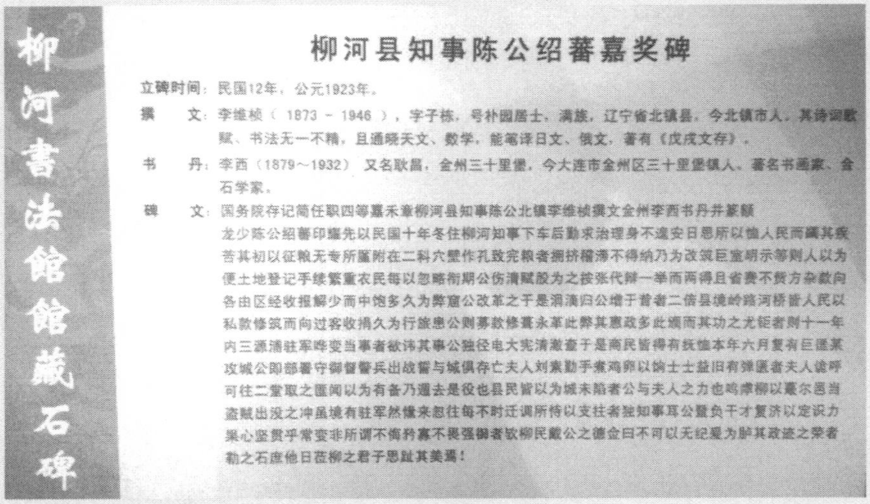

▲ 柳河書法館館藏石碑簡介

公，增於昔者二倍。縣境嶺路、河橋，皆人民以私款修築，而向過客收捐，久為行旅患。而公則募款修葺，永割此弊。其惠政多此。頒而其功之猶巨者，則十一年內，三源浦駐軍嘩變，當事者欲諱其事，而公獨徑電大憲徹查。於是商民皆得有撫卹。本年六月，復有巨匪某攻城。公即部署守禦，督警兵出戰，誓與城俱存亡。夫人劉素勤手煮雞卵以餉士。士者舊有吉彈匱者，夫人詭

▲ 功德碑

呼可往二堂取之，匪聞以為有備，乃遁去。是役也，縣民皆以為城未陷者，乃公與夫人之力也。嗚呼，柳以叢爾邑，當盜賊出沒之沖，雖境有駐軍，然倏來忽往，每不時遷調，所恃以支柱者獨知事耳。公既負於幹才，復濟以定識，力果心堅，貫乎常變，非所謂不侮矜寡不畏強禦者歟！柳民戴公之德，僉曰不可以無紀，爰為臚其政績之榮者，勒之石，庶他日蒞柳之君子思趾其美焉！

民國十四年（1925 年）一月，陳耀先召集士紳會議，倡修縣志，設志書編輯社於縣署。督修陳耀先，總編輯呂佐周，編輯宋召南、韓國英、馬向奎、莊慶春，調查員張士達、曹振文、葉廣增、王廷佐、張金泉、關奎選、周鳳崎、劉鴻飛等。民國十九年（1930 年）《柳河縣志》完稿付印。

清末及民國時期遼東地區戰事不休。日、俄進犯東北，遼東及柳河人民飽受戰亂之苦，民國《柳河縣志》就是在極端困苦條件下開始修編的，可謂修於

亂世，成於民國，歷經坎坷，彌足珍貴。民國《柳河縣志》始於肅慎，終於民國。全書共十一卷三百三十六筒頁，近三十萬字。記述內容開始擺脫舊志裝點名勝、炫耀鄉里之陋習，而注重國計民生，著眼經濟實用，重點記載土地、戶口、物產、實業、交通、商業、賦稅、工業、文化、教育、衛生以及人民生活、社會經濟諸多方面，提高了志書的實用性，不僅為研究本區域的經濟史、科技史提供了大量資料，而且也為今天的經濟建設提供了有益借鑑。

　　陳耀先政績卓著，任滿升任黑龍江省煙酒專賣局長，柳河士民，忍痛惜別。偽滿時期，其保持民族氣節，隱居金川（今之輝南縣）。

珍貴鏡頭傳萬代——攝影藝術家呂相友

呂相友（1928 年 - 2007 年），吉林省柳河縣孤山子鎮人。中國資深新聞工作者、攝影藝術家。為毛澤東、周恩來、鄧小平等諸多黨和國家領導人的國事活動攝影，三十多年中拍攝數以萬計的珍貴文獻作品。出版有《呂相友攝影作品集》《領袖風采》《小平您好》《偉人周恩來》《開國元勛》《鄧小平》六部大型攝影畫冊和《鏡頭裡的領袖風采》《中國大審判》等圖書。在國內外多次舉辦個展和聯展，並多次獲獎。

▲ 呂相友

呂相友一九二八年出生於吉林省柳河縣山區的一個貧農家庭，在日本侵略者的鐵蹄下度過苦難的童年和少年時代。一九四七年，他參加革命隊伍，不久被選送到中國人民解放軍在當地舉辦的攝影訓練班學習，師從著名攝影家鄭景康先生，從此踏進攝影之門，開始五十多年漫長而艱辛的攝影道路。朝鮮戰爭爆發後，他響應祖國號召作為戰地記者第一批進入朝鮮戰場，冒著生命危險在炮火紛飛的戰場上拍攝了大量戰地實況照片，經受了嚴峻的戰爭考驗。一九五七年，呂相友離開部隊調到人民日報社擔任攝影記者，從此開始新聞攝影專業記者生涯，記錄社會主義建設的艱辛和普通勞動者的風貌，拍攝了大量佳作。其後，呂相友的主要精力專注於黨和國家領導人的攝影採訪活動，以中央報刊攝影記者的身分活躍在新聞戰線上。特殊的工作任務決定了他特殊的取材

範圍，首都的政治風雲、人民共和國的重大政治事件、黨和國家領導人頻繁的社會活動，都是他新聞攝影的主要對象。據不完全統計，呂相友發表在期刊上的這方面歷史珍貴照片就有兩千多幅。他拍下了毛澤東、劉少奇、周恩來、鄧小平等老一輩革命家的風采。呂相友的作品《人民萬歲》《在機場上》《黃海擊浪的小平同志》等都是這個時期的代表作。

一九八五年十一月，美國紐約國際攝影中心舉辦並展出他和呂厚民、侯波拍攝的「毛澤東、周恩來、鄧小平攝影圖片展覽」深受國內外矚目。

一九八六年秋，由中國新聞和美國「馬可波羅」基金會共同主辦的「馬可波羅足跡」中國段的實地攝影活動，由呂相友做領隊，重遊了馬可波羅七百多年前走過的路線，拍攝下許多珍貴照片。

呂相友雖然長期奔忙於中國首都政治生活與黨和國家領導人的頻繁社會活動中，但他並不因此而放棄廣泛接觸生活、深入生活的機會，幾十年來，他在《人民日報》上發表過油都大慶的專頁，多次去過鞍鋼、撫順，形象報導了沸騰的勞動生活和工人階級的先進人物，採訪過西藏和新疆，也到達過海南和西雙版納，他的足跡幾乎遍及全國。

風雲際會譜華章
——當代文藝評論家、辭賦家閔凡路

閔凡路（1934年-　），吉林省柳河縣孤山子鎮人。新華社原副總編輯、高級編輯，中國辭賦文化工程院常務副院長、《中華辭賦》社社長、華夏記者俱樂部常務副會長、《華夏記者網》編委會主任、中國國際影視文化交流協會會長、中華慈善新聞促進工作委員會名譽會長、通化中學北京校友會名譽會長。當代文藝評論家、辭賦家。

一九五七年，閔凡路畢業於哈爾濱外國語學院，同年到新華社工作，從事新聞工作四十七年。先後做過翻譯、編輯、記者，擔任過新華社遼寧分社副社長、《半月談》雜誌社總編輯、新華社副總編輯兼國內部主任、《新華每日電訊》總編輯。喜歡寫詩，曾擔任新華詩社副社長。主要著作有《世界大變動》《中華人民共和國在世界上》《閔凡路評論集》等，主持策劃的大型音像電視節目有《百年百事》《思想解放史錄》《大使》《石油風雲錄》等。主編大型畫冊《新中國50年》。現在社會兼職有：中國新聞文化促進會副會長、華夏記者俱樂部副會長、中國基本建設優化研究會副會長、《華商世界》總編輯、新華書畫院院務委員、新華詩社副社長等。

一九八〇年一月，閔凡路參加籌辦時事性雜誌《半月談》並主持編輯工作。創辦新華社自己的雜誌，這是在建設世界性通訊社征程中的一項新事業，是激動人心的創業之舉。新華社於二十世紀五〇年代辦的《時事手冊》，講述天下大事，闡述黨的方針政策，曾深受基層讀者的歡迎。二十世紀八〇年代創辦《半月談》，既要繼承《時事手冊》的好傳統，又要有改革開放的新理念、新思路、新要求。閔凡路重任在肩，艱苦創業。一九八〇年五月十日，一本藍白雙色封面，三十二開本、四十八頁的《半月談》創刊號問世。

一九八〇年，中國改革之舟剛剛揚起風帆，各項政策和措施處於醞釀和出

台階段，不少群眾對中央的舉措在徘徊觀望。此時閔凡路與其同仁們敏銳地認識到，作為面向基層讀者的《半月談》，一定要大膽觸及群眾關心的熱點問題，正確引導讀者瞭解和理解黨的路線、方針和政策。

　　辦時事政策性刊物，要針對黨的方針政策、國內外形勢、人民群眾關心的熱點問題，撰寫評論，發表見解。每期《半月談》均有評論打頭，起導向作用。身為主編、後任總編輯的閔凡路，撰寫評論成為他責無旁貸的責任，選題確定，他就冥思苦想、連夜趕寫。從一九八〇年五月創刊到一九九二年八月，調離《半月談》編輯部，在十三年的歲月裡，面對改革大潮，時代的風雲，社會的變動，群眾的喜怒哀樂，他筆耕不輟，為《半月談》撰寫了百餘篇題材廣泛的評論。從海灣戰爭到東歐劇變、蘇聯解體，從奧運會到世界商戰，從兩岸風雲到香港回歸，從國門開放到農村變遷，從市場經濟到科技興國，從反腐倡廉到搶險救災，從職業道德到辦事效率，以一篇篇評論，回應著時代的脈搏，

▲ 閔凡路

見證社會發展，謳歌改革開放，也折射出閔凡路的遠見卓識、聰明才智和獨到的文筆。

評論是刊物的旗幟，欄目是刊物的筋骨和血肉。每期閔凡路均與同仁精心策劃，基層讀者需要更系統地瞭解國內外形勢，他們就精心編寫系列形勢講話；基層讀者需要瞭解黨的各項政策，他們就開闢《國事與心事》《政策百答》《讀者信箱》等欄目，回答群眾關心的問題。

為引起讀者對時事政策的關注，早在一九八一年，閔凡路就提出每年要在《半月談》上推出國內外十件大事，接著又推出國內外十大新聞人物。這些報導被新華社轉發全國後，在新聞界引起反響，報紙雜誌紛紛傚倣。

一九九一年初，海灣戰爭爆發，東歐、蘇聯發生劇變。閔凡路組織新華社記者做形勢報告。閔凡路與李鋒等人開始籌辦《半月談形勢報告音像版》，並與技術局音像室合作，開始拍攝製作首期《半月談時事報告音像版》。閔凡路策劃主講了題為「世界的變動與中國的機遇」的首期專題節目。此後成立《半月談》電視部，閔凡路既是策劃人，又是主講人。前後主講了「蘇聯解體——歷史的悲劇」「九〇年代的世界商戰」「閔凡路談世界形勢」等專題。

同年八月，李峰、閔凡路等人策劃主持，與煙台電視台合作創辦了《國際時事半月談》的電視專題節目。十二月，北起黑河，南至三亞，東起舟山，西至伊犁，節目覆蓋全國各大城市。一九九三年一月起，此節目改為《每週世界風雲》，後改為《世界風雲》。此種電視節目形式，在當時中國電視台實屬首創，極具影響力，在中國電視史上是具有開拓性的。

事業在開拓中前進，在閔凡路等人的倡議和策劃下，編輯部又辦了堪稱「時事政策小百科」的《時事資料手冊》《半月談內部版》《時事報告》以及《半月談》維、蒙、朝文版，形成《半月談》系列刊物。《半月談》成為「輻射全國，影響一代」的中國第一大刊，被評為全國最佳雜誌之一。

一九九二年八月，閔凡路調任新華社副總編輯兼國內部主任。同年秋天，正值黨的十四大召開之際，在十四大報導第一線的京西賓館的發稿中心，他與

唐小可寫出了新華社評述《邁向新世紀的偉大旗幟》。

一九九三年一月，《新華每日電訊》創辦，閔凡路兼任總編輯。初創期間，正值八屆人大、政協一次會議召開，其白天在人民大會堂發稿，晚上到新聞大廈參與平面組版，兩頭奔忙。

在社副總編輯及國內部主任崗位上，閔凡路參加了黨的十四大、「兩會」、「大江截流」等重大報導的指揮工作。其間撰寫了《經濟全球化與世界經濟走勢》《世界看好中國大市場》《怎樣認識中國的經濟形勢》《抓住經濟機遇，中華民族的歷史選擇》等評論國內外形勢的文章；還與他人合作採寫了《長風破浪會有時》《總攬大局一年間》《大局，凝聚著民心》《大江宣言》等一批較有影響的新聞述評。「大江截流」獲新聞報導一等獎和全國人大新聞報導榮譽獎。

「進取為榮，奮鬥常樂」是閔凡路的座右銘。歲月的流逝，沒有減弱閔凡路幹事業的激情。他銳意進取，開拓創新，參與創辦了《60分鐘雜誌》《今日財經》《參考消息音像版》《天下天天讀》等電視欄目。主持出版了《今日世界》（十集）《百年百事》（一百集）《思想解放史錄》（十二集）等大型音像系列片。

新華社這片新聞沃土造就了閔凡路，無怨無悔辛勤耕耘近五十載，深孚眾望，為新華社事業的發展奉獻自己的人生和才智，譜寫了三次創業的樂章。

一九八八年一月，他被評聘為新華社高級編輯。一九九二年十月，榮獲國務院頒發的特殊津貼。一九九三年十一月，榮獲首屆韜奮新聞提名獎。

其在六十歲生日時，曾為自己寫下《樂天派的歌》。其中寫道：

功名利祿，無須斤斤計較，不必為之增添悵惘和愁緒。過去的事，無愧無悔，未來的路，再接再厲。我，是個樂天派，耿耿此心終有報，且待春花爛漫時。

自二〇〇八年創辦《中華辭賦》以來，先後寫下《樂天賦》《勵學賦》《智

翁賦》《華爾街神話祭》《討索馬里海盜檄》《九十春秋賦》等二十多篇辭賦並公開發表，被多家媒體轉載。二〇一三年四月，他應汶川縣之邀撰寫的《汶川浴火重生賦》已刻碑立在映秀東村，供人們欣賞，讓後人銘記。同年，他寫的《世界和平賦》被選送到神舟十號飛船上，在太空遨遊十五天，向世界宣示中國人民的和平意願。這既是他人生暮年精彩的一筆，也是在撼天動地的飛天交響中一個悅耳的音符。

最愛家鄉羅通山 —— 考古、收藏愛好者高占一

　　高占一（1942 年 -　），筆名高游，號羅通山人。柳河縣羅通山鎮人。一九五八年畢業於大通溝中學。自幼喜讀經史子集，厚積薄發，陶冶情操，立志宣傳家鄉風景名勝，考察故里名勝古蹟，用鄉土文學的筆觸撰文立說，以造福桑梓的熱忱投身當地旅遊開發建設事業。

　　為瞭解羅通山古城真相，再現當年故壘雄風，他從一九五八年開始對羅通山進行考察研究。不論「又是一年芳草綠」的早春，還是「陰陰夏木囀黃鸝」的盛夏，或者是「霜葉紅於二月花」的金秋，乃至「千里冰封，萬里雪飄」的

▲ 高占一

數九隆冬，山中總有他來來去去的身影。那崖畔的蜿蜒石徑，莽林中的羊腸小道，險峰的嶙峋巨石，溪邊的獨木窄橋，都留下他的足跡。細雨霏霏中他觀察古城遺址，炎炎烈日下他攀登險峰，颯颯秋風中他穿越穿心奇洞，幽幽的微光下他爬行地煞。日復一日，年復一年，磨爛百雙黃膠鞋，刮破數十件粗布衣，行程五萬多千米。而燈前月下，風雨晨夕，記錄整理考察資料，翻閱文史以求佐證。

「考察師生並肩做，丈量父子攜手為」。作為鄉村教師，勢孤力單，要想求助他人協助考察峰巒，探測洞穴，在校只能依靠學生，在家只有藉助兒子。簡單的用具只有木桿、繩索，入洞照明只有蠟燭和手電筒。水簾洞內暗河奔流，飛瀑高懸約二十米。水聲轟鳴，浪花四濺，霧氣籠罩，冷徹肌膚。要想進洞探測，需用兩根長桿架接起來，水濕桿滑，攀緣不易。雖然弄得他和學生滿臉沾水，衣服打濕，躲無處躲，防不勝防，只有硬挺著水噴浪濺，慢慢地爬上去。到了瀑布頂端，還要涉過水過腰部的深潭。潭水冰冷刺骨，過後身體顫慄不止。又面臨千米暗河急流，師生一邊涉水，一邊測量，還要注意觀察石鐘乳的發育情況，用筆不斷記錄。洞內蝙蝠很多，羞光怕鳴，亂飛擊撞，迎頭撲面，扇滅蠟燭。進洞一次，要反覆多次點燃蠟燭。歷時兩三小時，由洞中返回，身上的衣服濕透，手腳麻木，立刻擰乾衣服，在日光下曬著，很長時間才能暖和過來。

背陰洞有五層天洞，七重地煞。天洞最低處，僅高六十釐米，需要鹿伏蛇行，匍匐前進，泥水滿身。地煞深洞數十米，洞口橫一巨木，繩索拴牢縋下。他和學生一個個嘴裡銜著蠟燭，胸前掛著手電筒拽著大繩一寸寸滑下洞底。進洞後高擎蠟燭，遠照手電，既要提防跌落暗窟，又要注意叉洞迷途。又傳說洞內有巨蛇怪蟒，他忐忑不安，學生心驚膽顫。既來之則安之，打起精神再探，就拴上繩子直下另一層地煞。五六層地煞上上下下，左拐右進，歷時一天。進洞時日上三竿，出洞時夕陽西下，回村已是萬家燈火。

他帶領兒子丈量城垣，繩長五十米，一人一頭，一人念米數，一人做記

錄。古城荒廢了數百年，城頭巨樹叢生，榛莽遍地，刮衣破臉，要用鐮刀砍斷荊棘樹條，方能通過。丈量鎖龍潭，更是擔很大風險。古來傳說潭中鎖龍，深不見底，從來無人進入。近年來由於泥沙淤積，枯枝敗葉遮蔽，漸漸在潭面上長滿蘆葦和茅草，葦根和草根互相絆結，形成一層三十釐米厚的「草毯」。人行上面，鬆軟亂顫，毯面下陷，水深沒膝。人走過後，毯面上浮，平復如初。欲知龍潭長寬，只得闖過龍潭。父子二人，一手拄棍，一手扯繩，小心翼翼，不敢稍停，戰戰兢兢，如履薄冰。測量完畢才長出一口氣，而衣服已被冷汗浸濕。

　　他為瞭解古城來歷和有關傳說，經常走訪長者，看人蔘的茅屋，看瓜的馬架，看藥材的地窩棚，都是他的去處。這些地方的故事很多，什麼「羅通三打北風口」「駱駝女敗走橫虎頭」「唐將馬陷淤泥河」「羅通驍勇盤腸戰」等世代相傳的掌故，高占一都一一記錄下來。那些曾經挑擔闖關東、斬草開荒的老住戶，在古城中刀耕火種榜青收麥的老莊稼人，身背土槍火炮，手拎套索夾打野豬套獐狍的老獵人，個個都有講不完的閒話故事。談到如煙往事，是那樣動情神往；說到親身經歷的奇聞逸事，眉飛色舞，滔滔不絕。諸如「張半拉子種麥揀銅鏡」「徐大頭將軍洞摳獾子發現遼墓」「於忠洋鎖龍潭邊拽鐵鎖」「魏老道背陰洞中遇大蛇」等膾炙人口的傳說，高占一都認真聽記。還有那些看山護林老人、放牛牧羊的老漢、看守瓜田的老把式，也都是「講今論古」的好手。羅通山內有哪些岩穴洞窟，洞門朝哪開，洞內有多深，把「水簾洞天旱祈雨」「背陰洞四時祭神」「穿心洞二郎趕山」「通天洞金豬逃遁」那些神話故事講得繪聲繪色。有幾座奇峰險崖，哪座最奇絕，哪座最高峻，還有「虎頭砬子大敗俄兵」「蜜蜂砬子山峰群踞」「長脖砬子南蠻取珠」「影壁砬子老道挖人蔘」都說得娓娓動聽。林中有哪些珍禽異獸，崖畔有什麼名貴草藥，也都如數家珍，詳述無遺。再如風雨陰晴，四時天象，他們也都見微知著，瞭如指掌。「羅通山戴帽，大雨就來到」「晚霧陰，早霧晴，半夜起霧難到天明」「長蟲過道燕鑽天，必定雨漣漣」等氣象諺語，都是他們經過長期觀察，細心總結

的。

　　羅通山周圍有三鎮，四十多個村屯，為了採風稽古，高占一走遍了各處。有些知情人多，民間故事流傳廣的重點村屯，甚至去過十幾次，幾十次。南天門、北風口幾番上下；三道石湖、十八盤道幾次往返；龍門天梯、水洞石棧幾回跨越；蜊蛄甲嶺、虎頭砬子幾度攀登，已經數不准，記不清了。他先後到梅河口、輝南、通化、集安、吉林、長春、遼源、延吉、新賓、瀋陽等市縣考察古城遺址，查閱文史資料，訪問知情的專家學者，集腋成裘，聚沙成塔。

　　他幾十年如一日，樂此不疲而不遺餘力，登山考察遺址，走訪耆舊，鑽研史料，筆耕不輟，積累百餘萬字資料，千張圖片。先後寫出《羅通山城初探》《羅通山城考察始末》《羅通山城調查簡報》等文章，分別發表於《長白山》《文史資料》《博物館研究》等雜誌上。並連續在《中國文物報》《文史報》《遼金契丹女真史研究》《吉林日報》《吉林文物》《吉林農民報》《城市晚報》等報刊上發表羅通山城出土發現商周貨貝、銅貝、銅鏃、漢代鐵劍、新莽貨幣、唐宋古錢、遼金銅鏡、金代鐵鼎、打箭爐、鎖龍潭遺址等文博消息。向省博物館、文物局、文物考古研究所、遼寧社會科學院等有關部門、專家、學者投書數十封，捐獻文物一百餘件，引起上級關注，派員考察、測繪，確認羅通山古城係吉林省最大的古城遺址，報請省政府批准，於一九八二年確認為省級重點文物保護單位。

　　為配合旅遊資源開發、文物保護、環境保護、自然資源保護，他先後在許多報刊上發表虎頭嵷雄、通天怪穴、背陰通幽、石門天闕、水洞飛瀑、影壁挺秀、穿心奇寶、古城龍湫等「羅通八景」風光介紹文章及珍禽異獸、奇聞逸事、風物傳說、民間故事等文章二百餘篇，並分別被收進《柳河縣志》《柳河文物志》《柳河地名志》等書內。著有《羅通山水詩話》。他被人們譽為研究羅通山的專家，並受聘為羅通山文物保護員。現為吉林省民間文藝家協會會員、通化市民間文藝家協會理事、通化市歷史學會理事。其事蹟多次由吉林電視台、中央電視台進行專題報導。

文人雅士稱其為「羅通山魂」，當地百姓笑其為「羅通山痴人」，其自豪地說「我是羅通山人」，並賦詩言志曰：

　　歲月倥傯五十年，
　　春也登臨秋也攀。
　　風光最數羅通美，
　　人在山中便是仙！

舞台生涯展雄姿——呂劇團老藝人王延伍

　　王延伍（1944年- ），原籍山東蓬萊。國家二級演員。吉林省戲曲家協會會員，柳河縣呂劇團原副團長、導演。

　　一九六一年，由青島市考入柳河縣呂劇團前身通化專區青年呂劇團，任學員、演員。師從滿學海、王紹彬老師，工老生、小花臉。

　　王延伍從藝四十四年，先後在五十餘出戲中擔任主要演員和重要角色，並在話劇《豔陽天》《不平靜的海濱》《白卷先生》等戲中成功塑造了馬老四、陳桐、周教授等角色。

　　從一九六四年起先後在《姐妹易嫁》中飾演了張有旺，《年輕一代》中飾演林育生，《千萬不要忘記》中飾演丁少純，《焦裕祿》中飾演焦裕祿，《通婚

▲ 王延武

▲ 在《姐妹易嫁》中飾張有旺

記》中飾演縣官，《江姐》中飾演沈養齋等角色，均給觀眾留下了深刻印象。

　　他扮演各類人物，抓準角色特點，性格鮮明，剛柔並濟，有濃厚的生活氣息。在演唱上繼承了前輩呂劇藝術家的演唱技巧，根據不同角色的要求，淋漓盡致地發揮了自己嗓音的自然條件，使人物表現得更加豐滿，增強了藝術的感染力和表現力。

　　一九八〇年，他參加吉林省創作劇目調演，在《飄零者》中扮演張天民，獲表演二等獎。

　　一九八六年，參加吉林省中青年演員調演，在《姐妹易嫁》中扮演張有旺，獲表演三等獎。

　　他導演了《鄰居》《喜脈案》等十餘出戲劇。在電視劇《紅紅的楓葉》《我和土地》《康弘麗城喜事多》中擔任重要角色，在吉林省首屆戲曲會演中獲得表演獎、通化市戲曲大賽中編導的戲劇《回家》獲得最佳導演獎。

百代人傑英雄譜——詠史詩人劉專

劉專（1944年 - ），筆名張浩天。柳河縣羅通山鎮人。吉林省楹聯家學會會員、通化市作家協會會員、柳河縣作家協會理事。現任柳河縣詩詞學會會長、《河邊柳》月刊編委。

一九九〇年八月，參與編寫《初中、高中文言精解及遷移訓練》，一九九三年七月，參與編寫《中華民族傳統美德故事（古代卷·現代卷）》（全國教育科學八五期間規劃研究課題）。

二〇〇〇年，主編《羅通山花紅勝火——於海生教改實驗成果彙編》。於一九九五年至一九九七年先後獲吉林省教育科學優秀成果二等獎、農村中學教學科研成果優秀論文二等獎、省級課題優秀教研成果獎。

劉專致力於中華人才專題研究，於二〇〇五年十二月初開始撰寫詠史詩，歷時兩年寫出《中華人才評詠（古代卷）》，歷時三年寫出《中華人才評詠（現代卷）》，共寫絕句一千二百首，詞八百餘首。其中詩詞近九百首先後在縣、市、省及國家報刊上發表。

他認為在中華民族發展進程中，產生了許多偉大的思想家、政治家、軍事家、文學家、科學家和藝術家，形成了豐富的文化積澱，積累了獨具特色的文化典籍。中國古代歷史悠久，人才眾多。人才輩出的時代多在歷史轉折時期。

殷周之際，以武王、周公為代表的西周貴族集團滅商建周，這一批人才及其制定的管理奴隸制國家的典章制度維繫了八百年之久。

春秋戰國之際，列國紛爭，百家爭鳴，出現群星璀璨的局面。一大批思想家、政治家、軍事家、科學家、文學家、諸子百家脫穎而出。

秦漢之際結束了戰國紛爭，開創了統一的封建王朝，奠定了此後兩千年的政治局面。

兩漢之際，三國時期，魏晉之際，隋唐之際，五代宋初，宋元之際，元明

之際，明清之際，都出現了大批優異的人才。

　　政治穩定，經濟發展，國家的導向，也為人才的成長提供了有利的客觀條件，促進了教育的發展和人才的薈萃。領導開明，胸懷寬廣，作風民主，思想開放，政策寬鬆，便於人才施展才能。春秋、戰國、三國、唐代人才輩出，亦有此因。

　　社會經濟發展與繁榮，為文學藝術發展提供了物質條件，豐富多彩的現實生活，複雜、尖銳、激烈的社會矛盾，是文學藝術創作的源泉，統治者在政治、思想、文化、宗教、哲學諸方面的政策導向及採取的措施，對文學藝術的形成和發展起到推動作用。

　　物華天寶，人傑地靈。同一時代，因地域不同，其所出現的人才亦不同。古稱「關西出將，關東出相」，這是由於這些地方經濟、文化、教育、交通等方面獨具特色，具有孕育和造就人才的氛圍和條件，傳統與現實都有助於人才的成長，並非出於風水，當然也不能只從地理條件去說明。

▲ 劉專

天下治亂，繫於用人。得才者昌，失才者亡。歷代那些有作為的帝王勵精圖治，建盛世，志中興，無不在於發現人才，培養人才，使用人才，總結歷代培養、使用人才的經驗與教訓，以古鑒今，古為今用，至關重要。

《中華人才評詠（古代卷）》《中華人才評詠（現代卷）》以中國古代、現代著名政治家、思想家、軍事家、文學家、科學家的事蹟為主要內容撰寫詩詞，或從整體入手，或從側面起筆，融記敍、抒情、議論為一體，人物栩栩如生，躍然紙上。

劉專所撰楹聯發表於《吉林日報》《吉林楹聯》，先後獲吉林省楹聯大賽優秀獎、佳作獎、三等獎。

二〇一一年，有格律詩作品編入《中華詩詞文庫·吉林詩詞卷》。

二〇一二年，編撰《中華人民共和國政區大典吉林卷·柳河篇》。

二〇一二年參與編寫《柳河縣實驗小學校本教材》《中國書法簡史》。

近十年來，劉專致力於地方志編纂，先後編纂《柳河政協志》《柳河人大志》《柳河一中校志》《勝利小學校志》《柳河縣工會志》《古城勝地——羅通山》《羅通山鎮志》《羅通山志》《劉氏家族志》等。

三十餘年所寫論文、通訊、報告文學、散文、故事、雜文、短評近三百篇發表於市、省及全國報刊。二〇〇〇年六月，其業績編入《中國專家名人辭典》。

附《中華人才評詠（古代卷）》詩選：

晏　嬰

全心為政重民生，輔佐三公正道行。

無畏無私伸大義，笑談長使事多成。

齊桓公

起用賢才志振興，兵強國富建同盟。

一匡天下朝天子，九合諸侯霸業成。

伍子胥

才高志大屬梟雄，鞭撻楚王氣貫虹。
橫掃越軍如卷席，鴻猷未展憾無窮。

屈　原

忠而見謗賦離騷，澤畔行吟保節操。
故主蒙塵憂不斷，照人肝膽映波濤。

甘　羅

少年壯志震雲霄，俐齒伶牙善外交。
使趙割城如反掌，青春歲月不空拋。

劉　邦

逐鹿中原勢縱橫，時來運轉靠菁英。
一生九死常脫險，善任良才大業成。

司馬遷

周遊懷古仰英風，實錄千秋百代功。
錚骨巍然生正氣，如椽巨筆著文雄。

蘇　武

持節留胡斥漢奸，不求富貴見忠肝。
心存故國重溫夢，飲雪吞氈度歲寒。

喬 吉

布衣一世立風塵，笑傲江湖寄一身。
詩酒縱情多雅趣，神鰲鼓浪力千鈞。

鄭光祖

立身方直處人倫，屢謂先生敬意真。
倩女離魂爭自由，瓊筵醉客筆通神。

音韻鏗鏘抒壯志──詩人張殿斌

　　張殿斌（1944-　），字子秋、號五柳居、筆名山葉、網名三月柳。高中文化，畢業後即下鄉務農；當兵戍邊；進廠做工。後調縣直事業單位工作，直至退休。現任通化詩詞學會常務理事，佟江詩社理事。吉林省詩詞學會會員。

　　自幼酷愛文學，尤喜古典詩詞，年輕時有過創作的衝動。一九九〇年開始對近體詩詞進行系統研究。兩年後其拜訪了詩詞頗有造詣的曲廷山、高雪塵、劉專，成立了「五柳詩社」，張殿斌任社長。在一九九八年白山市召開的長白山文化研討會上，其介紹經驗，曾受到中華詩詞學會常務副會長劉東、秘書長周篤文的肯定和讚許。一九九五年通化詩詞學會成立，張殿斌當選為副會長，一併擔任「關東詩苑」副主編。一九九八年，白山市編輯有史以來收錄古今中外凡歌詠長白山的詩詞曲賦的大型史書──《長白山詩詞選》，張殿斌被聘為編委。

　　從一九九二年，其作品開始在國家、省市報刊、雜誌、專刊上發表。

　　一九九七年，其楹聯獲吉林省文化廳、群眾藝術館舉辦的「萬幅春聯大賽」一等獎。

　　一九九八年，其楹聯獲「吉林省第二屆萬幅春聯大賽」一等獎、三等獎；

獲通化市群眾藝術館舉辦的「通化市首屆春聯大賽」特等獎。

一九九九年，其楹聯獲通化市文化局、群眾藝術館舉辦的「九九迎新春萬幅春聯大賽」特等獎、一等獎。

一九九○年至今，張殿斌共創作了兩千多首詩詞曲賦。其詩詞通俗易懂，清新曉暢；很少用典，與眼簡練；注重意境，直抒胸臆；格律準確，音韻和諧。

附詩詞四首：

海龍吟‧詠梅河口水岸人家

梅津燈火通明，水岸人家近曙。竣樓高聳，共星歌月舞。
晨風灑露臨門，光影推窗進戶。白雲環繞，是蟾宮玉兔。

七律‧步養根齋韻悼黨的好幹部強曉初

烽火硝煙革命初，荷槍未敢棄農鋤。
延河聖地育才俊，黑土荒原扶雨疏。
兩袖清風唯筆墨，一身正氣付詩書。
政聲席捲松花浪，八寶山高雲繞廬。

七律‧賀《刃石詩詞部落》創刊

啟迪靈魂撥愛弦，龍江丑石舞蹁躚。
人生失律詩生律，斜月不圓心月圓。
昔日常聞鐵窗淚，而今勁詠摯情篇。
弘揚有教倡無類，網頁帆張部落船。

江城子‧未發出的短信（步蘇軾韻）抗震故事

一條短信慟情腸。好兒郎，別悲傷。母愛深深，千萬莫遺忘。待到將來騰達日，多憶舊，少輕狂！
世間母愛最堅強。脊之梁，壓鋼梁。力抵千斤，捨命不徬徨。外面輕輕誰在喚？娘去也，露霞光。

豪情萬丈寫雲箋——詩賦名家張利春

　　張利春（1946 年 - 　），字陽升，號彎弓子，筆名躍如，網名禾刀屯日。吉林省梅河口市（原海龍縣）人。現為中華詩詞學會會員、中國楹聯學會會員、吉林省詩詞學會會員、吉林省楹聯藝術家協會會員、通化市詩詞學會理事、柳河縣作家協會理事、柳河縣詩詞學會副會長。

　　一九八七年以來，張利春在國內外數百家報紙、雜誌發表詩詞曲賦、對聯、詩鐘、散文及論文上千篇，獲世界及全國文學賽事金、銀、銅等獎項上百次。曾獲中華詩詞學會評定的中華當代詩詞最高創作獎、最具影響力世界華人藝術家金獎、「李杜杯」世界華人詩詞藝術大賽金獎、「菁英杯」全國詩詞大賽金獎、中華人民共和國專家人才金獎等。許多經典作品在當代作家藝術館展出並獲獎。

　　一九八三年九月二十一日，年長白山詩社成立，他是首批社員。曾參加長春市文藝函授學校古典詩詞班學習。在《長白山詩詞》上發表經典詩詞曲，在《學員詩詞選》上獲得一等獎。

　　一九八七年與人合辦《詩朋聯友》，全國發行。並籌建柳河詩社和創辦《柳河詩詞》。在戚繼光紀念館徵聯中，曾以「明少保前宋少保，岳家軍後戚家軍」一聯獲獎並被鐫刻。

▲ 張利春

一九九二年中秋，以正式代表資格，出席首屆中日友好漢詩聯誼會，接受日本記者採訪，發表《日本漢詩淺探》，獲一等獎。一九九三年春，以「雲」「雷」二律征和，收全國二十九省、市、自治區三百多人和詩七百餘首，選編成《雲雷唱和集》面世，另編有《利春徵聯集錦》。曾得到毛主席「一字師」羅元貞教授大力支持，答應和詩賜序。

二○○九年在柳河縣「城門對」楹聯徵集中，以「柳舞和諧曲，河吟發展篇」奪魁懸掛。

二○一○年參加「全國美文大賽」，《虎賦》獲文化部金獎。

二○一一年二月，《兔賦》獲「第二屆全國詩書畫印四絕大賽」詩詞一等獎，並獲得詩詞類最佳創作獎。十月獲通化市作家協會首屆「夕陽紅文學獎」。

二○一二年五月，《柳煙詩夢賦》獲「東方美」全國詩聯書畫大賽一等獎。

二○一三年四月，由中國詩詞楹聯出版社出版詩詞選集《彎弓室吟存》。

全書共分詩卷、詞卷、曲卷、賦卷四部分。詩卷：古風一首，五絕九首，五律十首，七絕六十首，七律四十三首，共一百二十三首。詞卷：小令、慢詞均有，共二百八十六闋。曲卷：二十支曲。賦卷：辭三篇，序六篇，賦五十七篇，銘三篇，共六十九篇。附錄：對聯十副，詩鐘十比。

二○一三年，著有《求索集》等。二○一三年六月，《心然賦》獲全國詩聯大賽一等獎。二○一三年十二月，《愛鏈賦》獲宣揚吉祥牧業專題徵文一等獎。

張利春被中國文史研究院、國際詩詞協會授予「中國最具影響力詩人」榮譽稱號，中國國學研究會授予「辛亥百年百位中國藝術大家」榮譽稱號，世博年度先進藝術人物榮譽稱號，並獲世博年度藝術突出貢獻獎、年度成就金獎。二○一○年，在中國藝術工作者協會第四屆代表大會上，被推選為副會長。曾受中國中外名人文化研究院、中華傳統文化系列叢書編委會和北京金台苑文化發展中心邀請，為《中華名人格言》創作，同年入選《中華名人檔案庫》，並

當選為「中華名人形象大使」，入選二〇一〇年中國藝術專題郵票發行。被英格蘭皇家藝術基金會聘為永久學術顧問，被世界教科文衛組織聘為首席藝術家，被中國國際國學院聘為名譽院長，並授終身高級院士職稱等。

虎　賦
——以「王者風範」為韻

虎之為物，體壯性剛。弱凌兔鹿，勇制豺狼。虎踞龍盤，遊走常於山坳；龍爭虎鬥，踔騰不至平陽。挾乙蔚興，尾棹旗幟；斑斕彪炳，牙磨劍芒。生就本能，秉獵食之凶猛；匪夷所思，富憐子之慈祥。永憶師貓，虎變何須色變；豈能類犬，他強更勵我強。皮為珍品，骨是良方。渾身是寶，保護休忘。忍效武松，焉可山中無虎；寧誇馮婦，莫教猴子稱王。虎震乾坤，春疏田野。畫印詩書，吟描刻寫。晴光旖旎，時時虎帳談兵；劍氣雄豪，處處柳營試馬。虎眠林靜，鳥語花香；虎嘯風生，文壇詩社。鶯歌燕舞，巴人下里流行；流水高山，白雪陽春高雅。宏圖遠景，錦繡前程；前無古人，今有來者。以虎喻人，虎膽英雄。神州大地，臥虎藏龍。奧運奪魁，小將生龍活虎；航天屢勝，寶刀礪鍔磨鋒。十月閱兵，六旬國慶；弓開滿月，劍指蒼穹。萬古崢嶸，虎略虎臣敬重；千秋璀璨，虎文虎榜尊崇。勇當真實於菟，冰霜凜凜；莫學假空紙虎，外表洶洶。往昔堪驚，雄師百萬驍勇；今朝喜見，虎賁十億威風。虎猛龍精，陽光燦爛。柳暗花明，山河俞奐。古國繁榮，世界居冠。愛我中華，王者風範！

抗聯歌曲耀千秋 —— 音樂家韓玉成

　　韓玉成（1946 年 -　），筆名韓笑，吉林省柳河縣人。國家一級作曲。中國音樂家協會會員、中國教育家學會理事。

　　一九六六年，畢業於海龍師範音樂專業。一九七二年，從事中小學音樂教師鍵盤樂培訓工作，鋼琴大師劉詩昆特聘他為劉詩昆鋼琴藝術中心（香港）大陸分支中心藝術顧問。其《鋼琴八字教學法》深入淺出、科學規範、獨具特色，優秀學員多次在省、市和國內外音樂賽事中獲得大獎，並陸續成長為表演團體和藝術院校的骨幹力量，其本人也多次獲鋼琴輔導園丁獎。一九八三年，畢業於吉林藝術學院音樂系。先後師承王希敬副教授、呂金藻教授。歷任通化日報社編委、文藝部主任、市文聯委員、市音樂家舞蹈家協會主席、省音樂家協會理事，省合唱指揮學會理事、省社會音樂學院研究會理事、張學良及東北軍史研究會理事，吉林省報紙副刊研究會理事。高級編輯。被特聘為《中國民

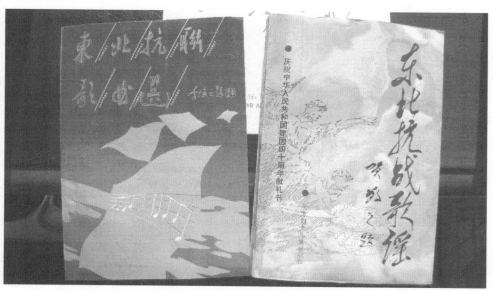

▲ 抗聯歌謠歌曲書籍

歌集成・吉林卷》編委，榮獲國家文化部、民委、國家藝術科學規劃領導小組頒發的突出貢獻獎。退休前任通化市音協主席、市記協秘書長。

二〇〇六年於通化日報社退休定居大連後，仍從事音樂教育和東北抗聯音樂文化史料的研究工作。

他幾十年致力於東北抗日鬥爭音樂文化史料挖掘搶救、整理研究工作。先後採訪了五省九市，一百四十餘位倖存的老抗聯、老義勇軍將士，積累六十多萬字的採訪筆記和八十多盤錄音帶，相繼在《人民日報》《中國音協》《群眾文化》《光明日報》《吉林日報》《城市晚報》等報紙、雜誌發表論文、專稿十二篇。

一九八五年，應邀參加吉林藝術學院呂金藻教授主持承擔的省科研規劃領導小組下達的重點科研項目——《東北淪陷時期音樂概況》科研組，並擔任第一專題《東北抗聯歌曲的產生與發展》的主筆。該論文在國內外學術交流會上，受到專家學者的密切關注與好評，稱該項成果填補了中國音樂史和東北抗聯史研究領域的一項空白，佐證了東北抗聯不僅能打仗，也是一支有文化品位的隊伍。

他撰寫的《歷史的回音壁——抗聯歌曲漫談》《蕩氣迴腸的絕地吶喊》等評介文章，陸續在文化部主辦的專業刊物《群眾文化》及省級以上多家媒體發表。他關於抗聯歌曲的相關論著，被有關史志學術研究機構和部分院校具名引用。他多次應邀到東北師大、通化師院等院校和駐軍部隊作抗聯歌曲專題學術報告和革命傳統教育。《黨員之友》《今天》等媒體先後採訪報導了他，譽之為「抗聯歌曲專家」。

韓玉成還先後採訪了老抗聯戰士王一知（周保中夫人）、金伯文（李兆麟夫人）、黎霞（李范伍夫人）、夏禮亭、楊靖宇生前警衛員王傳勝、黃生發、施魯將軍、李荊璞將軍、前遼寧民眾自衛軍第六方面軍總指揮郭景珊及總政歌舞團團長傅庚辰等人，編撰《東北抗戰歌謠》《東北抗聯歌曲選》，並由北方東北兒童出版社分別選作慶祝建國四十週年和紀念「九一八」事變六十週年獻

禮書出版。陸定一、韓光、賀敬之、李煥之、時樂濛、侯德昌等親自為之題詞、作序、題寫書名。

一九八五年以來，他編、著和責編的《朝陽，你好》《人蔘之歌》《吉祥的星》《閃光的銀河》《崛起的明星》《一代風流》《袖珍音樂辭典》（合編）等十一本書相繼出版問世。迄今為止，在省以上報紙、雜誌、電台、電視台發表論文、評論、人物通訊、歌曲、音樂專題、散文等各類作品五百餘件；先後五次被聘為省級各類大獎賽評委。一九九一年獲自學成才獎。《人民日報》《新文化報》《黨員之友》《今天》等報紙、雜誌分別對其進行專訪報導。

二〇〇一年九月十八日，央視《勿忘「九一八」》特別節目特邀他做客東方時空，訪談抗聯歌曲並錄播了他提供的部分史料。二〇〇五年，《戎馬倥傯譜戰歌——楊靖宇將軍歌曲創作寫真》由中央文獻出版社選入楊靖宇一百週年誕辰紀念文集出版。《朝陽，你好——玉成創作歌曲選》一九八九年出版。著名歌唱家閻維文、呂文科、姜嘉鏘、江山等先後演唱了他譜曲的《白雲——獻給楊靖宇將軍》（陳克正詞）等歌曲。他譜曲的《展開金色的翅膀》（李宜安詞）由中央人民廣播電台作為每週一歌播出。

截至二〇〇六年退休前，出版專、編著十四部，獲國家、省級獎項五十九次（新聞類二十九次，音樂類三十次）。其個人傳略被選入鄧小平題寫書名的《中國音樂家名錄》。先後向家鄉和母校贈送價值上萬元的圖書。目前，韓玉成所寫的《蕩氣迴腸的絕地吶喊——抗聯歌曲手抄本研究》書稿已近尾聲。

老抗聯彭施魯將軍與老抗聯、中紀委常務書記韓光同志一起審閱《東北抗戰歌謠》書稿並作序。左為記者、國家一級作曲本書編簒韓玉成同志。時為1988年9月。

▲ 韓玉成（左）

悉心丹青翰墨情—— 畫家李奎星

　　李奎星（1947 年-　），朝鮮族，遼寧省鐵嶺市人。一九六四年，畢業於柳河縣朝鮮族中學，自幼喜愛美術，經常參加美術活動。一九六五年參軍。先後擔任文書、放映員、文化幹事，特選調大連警備區學習繪畫。學習後負責團部文化美術工作，在全師幻燈比賽中榮獲一等獎。

　　一九七二年，李奎星分配到縣文化館美術部，如魚得水，充分施展自己的才幹，進行大量美術創作和輔導，培養了大批青少年美術人才。

　　他長期從事油畫、國畫、版畫等創作，退休前任柳河縣文化館美術部主任，中國書畫藝術家協會會員，吉林省美術家協會會員，通化市美術家協會理事，通化市朝鮮族群眾文化學會理事。

　　二十世紀八〇年代至九〇年代，版畫《長白樺林》、國畫《俺也要蓋新房》、年畫《祝壽》等多幅作品入選省市書畫展和省級美術刊物並獲獎。《淺

▲ 李奎星

談美術輔導》《業餘美術發展的幾點看法》《關於朝鮮族文化的前景與幾點設想》等多篇論文在地區研討會上發表並獲獎。

一九九五年至一九九九年，受聘於北京市東方機器人公司任美術師，其間為「恐龍遊樂園」、北京「天下第一城小小遊樂園」等設計並製作了大型風景壁畫。

二〇〇三年，壁畫「楚漢之戰」和油畫「長白山」被收入大型畫冊《全國當代書畫名人名作精品集》。油畫《巍巍長白山》《我的故鄉》選入《中華熱土畫冊》。

二〇〇五年，《長白山天池》和《俺也要蓋新房》被載入由中國書畫研究院組織編纂的《翰墨中國》大型系列藝術畫集，作品被評定為「翰墨中國金獎」，並授予「翰墨中國藝術名家」榮譽稱號。

二〇一〇年，李奎星被文化部授予「第七屆中國文化藝術政府獎『文華獎』最佳成就獎」。

二〇一二年六月，獲「國家級藝術家」榮譽稱號。

李奎星還致力於文物研究，一九八五年春，李奎星等人組成柳河縣文物普查隊，對全縣

▲ 李奎星作品

文物進行全面普查，共發現古遺址六十一處，古墓葬十五處，古城址三處，近現代史蹟、紀念地、遺址七處。採集、徵集各類文物兩千餘件。一九八七年三月，李奎星與耿鐵華、王志敏編寫了第一部《柳河縣文物志》，在全省市縣文物志評選中獲佳作獎。此志文從字順，資料詳實，充分證明柳河縣不僅歷史悠久，而且文物古蹟豐富，特別是一統河、三統河兩河流域堪稱柳河古老文明的搖籃。

詩潮如海凌雲霄 —— 譽滿中外的詩人南永前

　　南永前（1948 年 -　　），筆名岩毅，朝鮮族，吉林省輝南縣人。一九八七年，畢業於吉林省作家進修學院，一九九三年，獲美國世界文化藝術學院博士學位。

　　一九六七年八月，畢業於柳河一中。一九六八年，赴柳河縣城關鄉張家油房村插隊務農，後任《長白山雜誌》社社長、主編、編審。一九七一年起發表詩歌、小說、散文、隨筆、遊記、報告文學、評論、民間文學、翻譯等各類作品。出版詩集《相思集》《綠色夢》《山魂》《白鶴》《日與月》《神檀樹》《布穀鳥》《天地人》《白衣魂》《圓融》《在這個沒有花的春天》《南永前詩選集》《南

▲ 南永前

永前世紀詩選》《南永前短詩選》《南永前圖騰詩賞析》，隨筆集《難忘的人們》《可敬的人們》和譯著中國古典文學作品《唐宋傳奇選》《封神演義》和《巴金短篇小說選》等。

南永前曾獲全國少數民族文學創作獎、全國當代少數民族文學研究獎、中國作家協會《民族文學獎》、吉林省少數民族文學獎和吉林省政府最高文藝大獎——長白山文藝獎等各類文學獎共三十五次。享受國務院特殊津貼待遇。

一九八六年以來，曾二十二次出席國際學術討論會並發表論文，應邀二十五次赴朝鮮、韓國、日本、加拿大、美國、俄羅斯、斯洛伐克等國家講學和文學交流。一九九三年以來，獲韓國世界桂冠詩人獎、英國劍橋國際名人傳記中心榮譽獎章、世界名人五百名獎章、二十世紀成就獎章、美國世界名人傳記中心金質獎章。

南永前的名字被載入美國、英國的《國際名人辭典》《世界名詩人百科全書》《第一 500 人辭典》《國際名人 500 名辭典》等國內外四十多部辭書，作品收入《中國當代作家作品總目》《中國當代新詩集編目》，代表作收藏於中國當代作家代表作陳列館、美國華盛頓國立圖書館等。

南永前的詩具有鮮明的民族特色，語言清新流暢，蘊境深遠，隱含生活哲理，是生活的讚歌，是理想的樂章，是奮鬥者的畫卷，能「調動自己的人生經驗和感情經驗，以詩的意象凝聚對生活真理和對美的新鮮發現，以詩的方式在心靈的空間描繪美麗的圖畫」。（見《詩刊》一九九一年第三期《翹望璀璨的星空》）

由首都師範大學中國詩歌研究中心和時代文藝出版社聯合舉辦的「南永前詩歌創作研究會」於二○○六年三月二十八日在首都師範大學國際文化大廈舉行。詩歌評論家、少數民族文學研究專家以及《詩刊》《民族文學》《中國文化報》編輯等四十餘人參加此次研究會。南永前從二十世紀八○年代中期開始創作的一系列圖騰詩，體現了先民的圖騰思維空間和圖騰文化永恆的價值元素，呼喚民族的圓融，這對推動中華民族文化的傳播有著重要意義。

南永前在會上作了精彩發言，對圖騰詩、圖騰文化和民族文化圓融等相關問題進行獨特而又啟發性的闡釋：

「遠古時代的圖騰意識，它不是已消失的歷史煙雲，它融進現代人意識的浪花隨處可見，並將對未來有著不可低估的影響和作用。」

其所云的「圖騰意識」，即「原始時期圖騰──神話思維方式保存在圖騰、禁忌和巫術之中，作為人類最早的文化符號，圖騰集中囊括了原始思維的各種形態，在人類進化的過程裡，它雖然逐漸被科學思維所揚棄，卻被藝術思維所吸納。即人類思維的發展演變，在進入高級階段之後，低級階段的圖騰──神話思維模式並未消失，而是融匯於藝術思維繼續發揮著創造力」。（朱晶《真力彌滿，意趣飛揚》）

與會者高度評價南永前多年致力於圖騰詩歌創作的成就和意義，認為南永前的圖騰詩寫作代表少數民族詩人中漢語寫作的成就。其圖騰詩在國內外產生較大反響，是因為詩人從民族富於根性的古老文化出發，並以詩人獨特的當代審美和文化視角鮮活地折射出圖騰文化的博大精深，透過這些圖騰詩張揚中華民族的偉大文化以及先民的優異品格。研究南永前的詩作，不僅對於總結包括朝鮮族在內的少數民族詩歌創作有重大意義，而且對於繁榮整個中華民族的當代詩歌均會有深遠影響。

鴻儒情懷展華章——著名學者、詩人宋子剛

　　宋子剛（1949年-），字居逸，號雲山人，筆名默然、瀟軻。吉林省柳河縣人，祖籍山東省蓬萊市。中華詩詞學會會員、北京詩詞學會會員。曾就讀於海龍師範學校、東北師範大學、南京財經大學。現任中國商業聯合會和中國社區商業工作委員會專家委員，國家職業技能鑑定高級考評員，中國社會科學院紅色文化研究會理事，中國城市商業網點建設管理聯合會副秘書長、學術委員會副主任，中國商業企業協會副秘書長，《中國洗染報》副總編、《國際洗染報》副總編、《中國商論》雜誌編委委員。長期致力於化學、經濟學、文學、詩書畫理論研究與探索，撰寫了多篇學術論著與文學篇章，多次參加全國性學術峰會，曾以「百名專家代表」，參加國家舉辦的世紀末新年座談會。著有《默然情·宋子剛詩集》《楓韻墨紀·默然回憶錄》《海之韻》《山花爛漫時》《詩學與人生》《書畫與鑑賞》《人生與哲學》《宋子剛學術論文集》《經濟產業結構分析》《高分子化學中的若干問題》《有機結構化學探析》等論著。被收錄《中國經濟文庫》《中國糧食經濟理論研究學術論文集》《中國商業統計學術論文集》《中國洗染行業高層論壇學術論文集》《中華新論》《中華驕子·專業人才卷》《中國專家大辭典》《世界名人錄》等二十多部典籍。

　　宋子剛原在教育界從事化學科教學工作，一九八九年全國糧食經濟理論優秀學術論文評比中，獲全國糧食大中專院校及省、市、縣參評論文前五名，代表省、市、縣參加了全國學術峰會。二〇〇〇年一月參加了全國《百名專家代表》世紀末新年座談會後，辭去縣糧食局副局長職務，到北京·中國商業聯合會工作。

　　中華詩書畫研究院院長、國務院研究室信息研究司司長忽培元，在《楓韻墨紀》一書序中寫到：

　　我與子剛先生交往多年，他常來這裡。我們徜徉在中南海波美光煦的金水

▲ 宋子剛

湖畔，漫步在馨靜的松柏綠蔭中，共同探討著人生與社會，國學與詩學。

國務院研究室黨組成員、機關黨委書記楊書兵同志曾說：

子剛先生是一位著名學者，且又勤學好問，可謂「學海駕舟訪天涯，書山居逸拜鴻儒。」

宋子剛是一位高端學者，現在任多家國家行業專家委員，中國城市商業網點建設管理聯合會副秘書長、學術委員會副主任，中國商業企業協會副秘書長等職務。參入國家行業管理工作，為促進國家行業經濟發展，做出了重要貢獻！在中國洗染行業文化發展中，子剛先生的學術論文及高層建樹，促進了行業文化發展和科技進步，在國內、國際具有一定影響力。被原國家商業部副部長、全國經濟信息網絡協會副會長何濟海評價為「一代學術梟雄！」

全國職業道德建設指導協調小組副組長、中央宣傳部宣教局副局長王開忠評說：

宋子剛是一位才華橫溢的專家學者。他所學的學科跨度較大，並對自然科學和社會科學均有深層次的研究。在「高等化學、商業經濟學、國學與詩學」學術理論上，有很高的建樹。他主攻方向是化學專業和經濟管理，是中國商業和城市商業網點建設管理與社區商業發展的著名專家、學者。同時，他亦在多年的時間裡學習、研究了古典、近代和現代詩學，做到了窮覽經典，達到了探賾索隱、鉤深致遠，具有較高的詩學修養。他的詩學境界實現了「橫看成嶺，側為峰。」

　　正像中華詩詞學會副會長、中國詩詞書畫研究會會長、中國詩詞書畫總編晨崧評說的那樣：

　　「為中華詩學重塑坐標，促民族文化源遠流長。」

　　讀子剛詩作，有宏大精嚴、理愈積哲、意境深遠與清逸高雅之感。其詩大氣磅礴、詞淵意奧、韻深情濃，或儒雅飄逸，或剛正不阿！子剛詩人學富高才、心納百川、鍾情重義，頗具儒雅風範與獨特的人生風格！清華大學美術學院博士生導師楊琪教授評述：

　　子剛的詩作，在結構上繼承和發揚了詩學共時性建構；意境高雅妙悟天成；「詩言志」體現了創作核心，將詩學藝術性推向了高峰；具有風骨文情之美，具有「賦自詩出、文林異派、寫景圖貌、文情高雅」的超然風格。其詩作意深幽奧，人物情感交融，事件與哲理生輝，具備了「逸格、神格、妙格」三境歸一的特點，實現了詩境入畫入神的神美標準。縱向的歷史性意象與橫向的自然物意象交織，感而契之，構成了高遠深邃、高雅蘊藉，充滿博情雅意的超然境界。可謂「朝陽萬道筆為劍，曉月千年文似珠。」

　　他還曾受到原中宣部副部長賀敬之，中國社會主義文藝學會常務副會長、中華詩詞學會駐會名譽會長鄭伯農，中國作家協會副主席、中國報告文學學會會長何建明，著名經濟學家、中國人民大學博士生導師黃國雄教授等領導和諸多學者的高度肯定與讚揚！子剛亦曾講，不但與詩學大家學習交流，而且也從他故鄉著名「文學家、詩學家」王相國的詩作中，感悟到了「詩道、情懷、思

想與偉大。」

　　子剛，不但對詩學理論與創作有較深的造詣，而且對書畫理論與鑑賞，亦具有深層次的研究與建樹。而今他出任「中國書畫寶庫書畫評審鑑定委員會」總顧問，為中國書畫文化藝術的繼承、創新與發展，嘔心瀝血、勵精圖治。子剛先生，具有「詩人的高雅風韻，社會學家的風采，學者的求真風格，為人的楷模力量。」同時，亦具有強烈的愛祖國、愛民族、愛家鄉的赤子之心！

詩苑韻府開奇葩——軍旅詩人孫常山

孫常山（1949 年 - ），號崑山居主人。吉林省柳河縣人，祖籍山東蓬萊。現為世界中文作家協會會員、世界漢詩協會會員、中國楹聯學會會員、中華對聯文化研究院研究員、吉林省作家協會會員、柳河縣作家協會副主席。曾在海軍水面艦艇部隊服役八年。一九七七年，畢業於吉林大學文學院。

自一九五八年以來，先後有文、史、哲方面的三千多篇（首）作品散見於國家、省、市、縣及軍內報刊。諸如《解放軍報》《解放軍文藝》《海軍文藝》《遼寧日報》《旅大日報》《吉林日報》、中央人民廣播電台、吉林

▲ 孫常山

人民廣播電台、《參花》《吉林群眾文化研究》《博物館研究》《統戰縱橫》《當代百家辭賦續集》《中華當代詩人手跡集成》《中華當代絕句精選》《中華當代律詩精選》《盤龍詩選集》《盤龍辭賦集》《長白山詩詞》《詩詞月刊》《淮安詩詞》《中華吟藪》《吉林省民間文學集成》《目錄學・版本・學校勘學詮釋》等；《楹聯十副》收入《當代楹聯家大觀》，《楹聯二十副》收入年度中國楹聯二〇一一年、二〇一三年度作品集，長篇小說《西遊後記》在通化廣播電視報連載。

二〇〇一年，長篇小說《西遊後記》正式出版。二〇〇四年在《視聽導

報》上連載。承接《西遊記》寫《後記》，確實很難，不能隨意敷衍鋪陳，否則便成續貂之筆，使人難以卒讀。孫常山反覆研究《西遊記》，體會原作者寫作意圖，學習其寫作手法，琢磨人物形象的內涵。他大膽想像，虛虛實實，極盡誇張之能事，盡量使《後記》與原書順理成章一脈相承。孫常山筆下人物形象栩栩如生，唐僧一方面是恪守佛教「教義」的「聖僧」，另一方面又是恪守儒家名教理念的「忠臣」，講抽象的慈悲仁愛，妥協調和，容忍退讓，甘受奴役和折磨，安於痛苦和迫害。孫悟空總是勇往直前，百折不回，堅忍不拔，堅定沉著，想方設法戰勝困難和妖魔。包括豬八戒、沙僧在內這些人物形像在《西遊後記》中得到了再現，躍然紙上，確有可讀性，語言通俗易懂，形象生動，具有評書特點。

孫常山絕句、律詩、楹聯、古風、歌行諸體均佳，格律嫻熟。四十餘年的生活歷練中，寫出大量詩、詞、曲、賦，編輯成《山濤集》《蠹苑集》《海潮集》《續海潮集》等。其軍旅詩詞為人稱道，充滿了對海軍生活的眷戀，字裡行間隨處可見作者對過去生活的深情追憶，均與大海、海軍、海島、江、河有關。柳河縣作家協會主席黃如金對其詩之評價恰如其分：

「讀其詩可以感受到一份真情。這份真情，源於他對生活的真實感受和深刻感悟。一個不懂感情的人，不可能寫出充滿感情的詩；一個不懂生活、對人生沒有感悟能力的人，不可能寫出思想深刻的詩；一個隨波逐流、沒有個性的人，不可能寫出有個性特徵的詩。」如：

沁園春·人民海軍建立五十週年感賦

艦影嗖嗖，波谷幽幽，五十春秋。涉重重碧浪，鯤鯨任走；滄峰茫峪，雀躍群鷗；沉瀣殘匪，孤礁「慶父」，「八·六」「崇東」戰未休。濤聲裡，馭堅舟利艇，衛我神州。

時逢世紀當交，恰開放、須籌改革謀。欲中興上國，棄槎輿舸；追求科學，曾訪亞歐。器銳兵精，治軍良策，宇內沉浮堪喜憂？展明

日，有宏艨擊水，敵愾同仇。

七律・贈羅繼祖老師

樓艦可如泛海槎，匆匆罷役又天涯。
稻塍逐浪三千頃，窨舍連雲四百家。
欣有導師談講肆，喜逢田甫話桑麻。
柏屯歌凱歸來日，把酒辭君賦落霞。

　　散文《抹不去的記憶》獲吉林省群眾藝術館、通化市群眾藝術館、城市晚報社、通化日報社、參花雜誌社等聯合舉辦的「紀念建國五十週年文學徵文大賽」三等獎；一九九九年海軍建立五十週年時，在《人民海軍報》上發表《滿江紅・水兵贊》一詞並獲獎；二〇〇八年被評為「當代百家軍旅詩人」，作品載入《當代百家軍旅詩人佳作選》；二〇〇八年被中央文史研究館、國際漢語詩歌協會、中華詞賦協會、見證中國大系組委會授予「中國改革開放文藝終身成就獎」；二〇〇五年《勝利之歌》一書收入七律二首，《人民日報》對此書有專門報導，收錄詩為吟頌楊靖宇、楊子榮的詩；二〇〇九年獲《新中國大閱兵題賀藝術大獎》；二〇〇六年獲文化部、中國國際書畫藝術研究會大獎，有《一代偉人》專書收入讚頌毛澤東、周恩來、朱德詩詞六首；二〇一〇年獲《傳世孤本・經典詩書畫》藝術大獎；二〇一二年有詩詞收入《中華詩詞大全》並獲獎；二〇一三年有楹聯十副收入《當代楹聯家大觀》一書並獲得「當代著名楹聯家」稱號。

獨樹一幟創輝煌 —— 畫家、詩人劉錫仁

　　劉錫仁（1952 年 -　），又名劉星辰，號柳蔭居士，憶芳軒主人。滿族，鑲黃旗。祖籍遼寧本溪，出生於吉林省東豐縣，成長於吉林省柳河縣，現居北京。

　　現任中華國禮藝術家協會副會長、3.15 產品與質量《國禮》雜誌社美術總監、北京中藝名書畫院副院長、北京隆昌興源華書畫院院長、中華詩詞學會會員、北京炎黃鼎彝國際文化藝術有限公司專職畫家。

　　二〇〇六年十月，作為中方文化代表團成員訪問韓國，參加韓國雪岳山文化節，作品在首爾展出並獲金獎。國畫作品大量流傳於東南亞國家和地區。二〇一〇年三月，應邀參加北京《新聞與法制》雜誌社舉辦的「春色滿園書畫筆會」。二〇一二年，應邀參加全國政協常委、中國文聯副主席、全國書協顧問段成桂書法作品集發布會。二〇一三年春，長卷作品《釋迦牟尼佛八相成道圖》被陝西法門寺藏經閣珍藏。

　　二〇一三年七月，應邀參加聯合國文化藝術聯合會、世界文化藝術基金會主辦的「第六十八屆聯合國日·和平祈福書畫筆會」。其作品在國內外多次參展獲獎，廣受好評。作品被國家機關、中外友好人士收藏，在國內被視為有巨大升值潛質畫家之一。《劉星辰藝術作品集》二〇一三年十月出版，其中共有國畫三十幅。

　　《走向成功》《走向輝煌》《征程》三幅工筆畫，氣勢雄渾陽剛，意境廣袤深邃，造型生動，刻畫入微，用筆細膩，出神入化。劉錫仁採用了國畫多種表現手法，把大像那種步履穩健、氣宇軒昂、不畏艱險、所向披靡、君臨天下的不凡氣概描繪得淋漓盡致。在大象與背景的融合上，畫家傳達出一種濃重的人文情懷。把大象的雄渾大氣、灑脫凝重之美；與大自然那生機勃勃、蒼潤厚重之美，有機地結合在一起，取得了完美、和諧與統一，讓人感受到他對自然環

▲ 作品《所向無敵》在民族文化宮國家民族畫院展出

境、生態環境、人類與其他生物和諧共存的關心、關注和關愛。

　　大象，自古以來，就是一種吉祥的象徵。大象之名與中國傳統文化密切相關，如大象無形、天開萬象、萬象更新等等。所以，劉星辰的大象題材作品一經問世，就引起許多有識之士的支持與關注。由於他專業創作大象，題材選擇獨到，表現手法不同，很多藝術界、新聞媒體的朋友們都稱他為「中華象神」。

　　劉錫仁最初給人的印象是：儒雅、謙恭、誠實、厚道，甚至有些內斂與木訥，沒有一點人們常常欣賞的大氣與霸氣。只有經常接觸他，才能真正瞭解他。他不僅僅是一位會工筆、擅寫意，動物、山水、花鳥、人物樣樣皆通的全能畫家，更是一位很有思想內涵的學者。

　　他幼承家學，苦讀詩書，精通韻律。工詩詞，通格律，聯文曲賦，才思敏捷。或豪放磊落，慷慨悲歌；或婉約含蓄，一唱三歎，情深意長，感人至深。

劉錫仁書法亦佳，博采眾長，同時追本溯源，擅寫行書、草書，而行書最見功力，繪畫題詩，可謂「雙絕」。獨創了《姓名生肖像形書畫》，亦書亦畫，立意新奇，寓意象形，不落俗套。

附絕句三首：

未綻寒梅

蕾潤珠璣欲破寒，晨昏鬥雪志彌堅。
何期有幸逢青帝，一吐春華照曉天。

登釣魚台高山

極目高台興悠悠，長河遠望接天流。
無邊煩惱隨風散，攬進胸中萬里秋。

詠野菊花

嫩紫微藍幾莖橫，一叢淺淡一叢濃。
清閒不羨千金地，甘願籬邊度此生。

錦繡江山咫尺中——勇攀書畫高峰的賈春來

賈春來（1954 年 -　），號羽石，吉林省柳河縣羅通山鎮人。現為中國文化藝術中心理事，吳道子藝術館藝術家，中國東方藝術家會員，河南中原書畫院高級畫師，北京釣魚台藝術家協會理事。

賈春來十四歲開始學習白描，十七歲學習玻璃畫，十八歲學習中國畫，受益於費心我的《怎樣畫毛筆畫》一書，而後又臨習了《芥子園》畫譜，反覆閱讀賀天鍵的《學山水畫體會》《黃賓虹山水》和錢松岩的《硯邊點滴》等書，繪畫技藝大有長進。一九八五年，考入中國書畫函授大學，拜北國書畫社張珍為師學畫，請教吉林省藝術學院美術系張玉喜教授，不斷學習李可染、陸儼少、黃賓虹的筆墨精神。經過不斷學習、磨礪、提高，繪畫水平不斷進步。

▲ 賈春來

▲ 賈春來作品

賈春來的國畫工筆、寫意俱佳，擅長山水、花鳥。所畫山水，群峰兀立，岩壁陡峭，古松盤曲多姿，山石清麗，工中帶寫，筆法多變，雄偉壯闊，氣勢磅礴。設色明快而絢麗，布局精巧，既得明清名家遺韻，又師承近代、現代名家，氣韻渾厚，形成獨特的繪畫風格。

美術作品《長白宮秀圖》獲二〇〇〇年湖北「世紀杯」大賽優秀獎、二〇〇一年，《晨輝》獲全國書畫大賽銀獎；《雨後》獲河南吳道子藝術館名家大賽金獎；《碩果纍纍》獲內蒙古青年書畫院第四屆書畫展「百強畫家稱號」；《羅通人家——獻給母親河讚美長江》獲「菁英獎」並被南京長江書畫院永久收藏。二〇〇二年，獲吉林省「歌頌祖國壯麗河山」全國書畫大賽優秀獎。二〇一三年，參加全國「健康杯」書畫大賽，作品《秋山紅葉圖》入選並被中國北方冰雪畫研究會收藏。

心靈手巧藝精工——剪紙高手劉鳳霞

劉鳳霞（1954 年 -　　），女，吉林省東豐縣人，現居柳河。吉林省剪紙藝術協會會員，柳河縣美術家協會會員。

二〇〇二年，在通化市第二屆迎新春春聯、剪紙大賽中獲一等獎。二〇〇三年，在柳河縣舉辦的農民畫展中，剪紙作品《村村通》獲一等獎。二〇〇四年，在通化市迎新春百人書畫、春聯大展中，剪紙作品《群猴鬧春》獲二等獎，《電話通農家》獲全國剪紙邀請賽銅獎。二〇〇六年，《電話通農家》參加第一屆國際剪紙藝術展獲優秀獎。二〇〇七年，剪紙作品《家》被中國文化遺產辦專家審定為參展作品並載入《中國剪紙藝術人名大典》。二〇一一年，在吉林省迎新春春聯、剪紙、掛簽大賽中獲二等獎。

劉鳳霞，自幼在心靈手巧酷愛剪紙的母親影響下耳濡目染，愛上了剪紙，後在搞專業美術的哥哥的引導和啟發下，開始了藝術剪紙的漫長之路。天上的鳥、地裡的蟲、水裡的魚都是她的模特，不管是熱炕頭上、苞米地裡還是大樹蔭下只要得空她就會拿出剪刀和紙張，潛心研究、認真探索。平時捨不得買彩紙，她就用孩子們的舊作業本、廢報紙，只要是能剪的，她還跟孩子們回收舊物，通過她的一雙巧手，以舊換新，變廢為寶。她的這種鍥而不捨的追求，使她的創造技巧有了長足進步。前幾年，她的作品經吉林省滿族剪紙協會主席王純信老師的推薦，參加了全國剪紙大賽，並榮獲銀獎。在省、市、縣各

▲ 劉鳳霞

級美術作品展覽中，頻頻獲得佳績。二〇一一年春，應北京隆昌興源文化有限公司邀請，參加該書畫室成立筆會，並現場演示才藝剪紙。得到與會領導和藝術人士、參觀者們的高度評價和喜愛，她的作品被爭相收藏。

▲ 劉鳳霞作品

民間文藝志傳承——「故事大王」洪青林

　　洪青林（1957 年 -　），筆名紅豆、紅豆一郎，吉林省柳河縣人，原籍青島。吉林省民間文藝家協會會員，通化市民間文藝家協會會員，柳河作家協會理事，《河邊柳》月刊編委。

　　一九七六年讀高二時，洪青林的散文《敢於登攀》在吉林人民廣播電台配樂播發。畢業後，他利用勞動之餘創作了大量的故事、曲藝、小說和詩歌，有近百篇故事作品發表在《參花》《故事會》《民間文學》《民間故事》《吉林農民報》《紅色社員報》《撫順故事報》《長白山》《梅河故事報》《吉林省民間文學集成》《吉林民間文學集成·柳河卷》《吉林民間文學集成·輝南卷》《長白山花草禽獸傳說》等報紙、圖書中。一九九一年創作的新故事《三千元的故事》榮獲全國新故事大獎賽二等獎，《遠親不如近鄰》榮獲一九九四年《吉林民間文學》舉辦的新故事大獎賽「關東三寶」優秀作品獎。二〇〇一年，新故事《三千元的故事》入選《中國脊梁——講述 100 則故事會中的英雄故事》，《山坳裡的槍聲》入選《故事中國：30 年來流傳在老百姓心中的 99 則故事》。二〇一〇年上海世博會舉辦的「海寶遊歷記故事接龍」全國徵文評比中，喜獲一金一銀獎項。一九九四年創作發表在《民間文學》的新故事《史半仙失策》已被台灣大學中文系收作教材。

　　洪青林是文學創作的多面手，他寫

▲ 洪青林

過詩歌、散文、小說、故事，而以故事著稱於世。代表作品有《老山東斗猴》《三千元故事》，曲藝《樂極生悲》《大老田交款》，詩歌《我敲長鼓空達達》《炕頭儲蓄處》，小說《燈情》，民間故事《空心柳》《王六回家》《山百合》《田老師救駕》等。他整理、創作民間故事膾炙人口，讀者眾多。有時不用動筆去寫，隨口說出的故事，就讓人百聽不厭。其原因在於：一是故事情節生動曲折，動人心弦。他深受古典小說、評書影響，所講故事有頭有尾，人物個性鮮明，講清事件的來龍去脈，前因後果交代得清清楚楚。二是語言通俗流暢，準確，生動，形象。善於使用大眾語言，巧用俗語、方言、歇後語，採用比喻、誇張、反覆等多種修辭方法，增強感染力。三是取材廣泛，古往今來，街談巷議，特別是那些新故事，就發生在人們的身邊，他善於攝取生活中的珍貴鏡頭編成故事，聽起來倍感親切。

一九八九年受到通化市文化局、通化市文學藝術界聯合會、通化市民族事務委員會表彰，獲得「藝術科學國家重點研究」一等獎。一九九一年受到吉林省文化廳、吉林民族事務委員會、吉林省民間文藝家協會、中國民間文學集成吉林分卷編委會的表彰獎勵。

洪青林的名字，已被收入中國國際出版社一九九九年十一月出版的《世界優秀人才大典》、中國國際人才研究交流中心和《通化市優秀人才大典》。因其故事創作成果頗豐，被大家譽為「故事大王」。

馳騁舞台見真功——「堅守」關東呂劇的孟凡志

孟凡志（1959年- ），出生於河北省河間市沙河橋鎮。吉林省戲曲家協會會員，通化市戲曲藝術家協會會員。國家二級演員。

一九七七年，考入柳河縣呂劇團，專攻戲曲老生、武生、文、武、丑。一九七八年，拜天津京劇院演員王紹彬為師，在學藝和演出實踐中，把京劇表演藝術的精華融入呂劇表演藝術中，逐步成為唱、念、做、打兼備，獨具呂劇風格的骨幹演員。

一九八二年擔任柳河呂劇團藝術科長和演員隊長。組織排演了《牆裡牆外》《換親記》《豬八戒拱地》等劇目，帶隊下鄉，平均每年為群眾演出一百多場。在藝術上精益求精，刻苦鑽研，形成了字正腔圓、動作嫻熟、生動活潑的藝術風格。

▲ 孟凡志

呂劇的唱、念、做、打均有一定程式，如何在程式的規範內不斷創新，賦予柳河關東呂劇以新的生命活力，並在程式化表演中更加確切地把握反映角色獨特個性與情感，是孟凡志在他的藝術創作過程中不斷探索追求的課題。看他的表演你能感受到「兼收並蓄、傳情入微」的特點，這不僅僅反映在他的唱腔念白上，而是作為一種藝術追求貫穿於全部表演之中。從藝三十多年來，他曾先後在傳統呂劇《喝面葉》《喜脈案》《白蛇傳》《王小趕腳》《借靴》和現代呂劇《江姐》等三十多出戲中擔任主要角色。

一九八二年，曾在吉林省青年演員匯報演出《喝面葉》中飾演陳士鐸，榮獲表演二等獎。一九八六年，參加吉林省青年演員調演，在《借靴》中飾演劉二，榮獲吉林省青年演員評比戲曲表演二等獎。一九八九年，在通化市專業劇團調演的劇目《王小趕腳》中飾演王小，獲得戲曲表演一等獎。

在多年的藝術實踐中，除了喜歡曲藝、二人轉之外，還愛好書法，酷愛京劇。一九九一年在河北省電視台舉辦的「才藝表演」大賽中，《甘露寺》《馬大寶喝醉了酒》等劇目獲二等獎。二〇〇七年七月，其自編劇目《二人轉情怨》、改編呂劇小品《冷暖懸殊》參加吉林省二人轉、小品評比演出，受到評委的讚賞和觀眾的喜愛。

附《冷暖懸殊》（節選）：

（根據《生日》改編）

人物表：劉二狗四十五歲

二狗妻四十五歲

二狗女兒十歲

二狗岳父六十五歲

二狗娘六十五歲。

場景：二狗家。

道具：一桌兩椅。

【歡快的開場音樂】

妻唱：日麗風和豔陽天，

日子過得很舒坦，

黨的政策人心暖，

更覺滋潤甜上甜。

【笑】我那老公，這幾年養樹苗子，是真走時氣，那錢一個勁兒地往裡進，吃穿不愁奔小康，爽，【唱】我們的家鄉，在希望田野上。嗨，我就有一件煩心事，你說我那個老婆婆，是三天兩頭吃藥打針，可煩死我了，我就納悶，她怎麼這麼能活呀。得，不高興的事不提了，今天是我爹過生日，我爹大小也是幹部，錢也掙得多，多光彩。一會呀我爹就來了，少不了七碟八碗的，雞鴨魚肉可勁造，哈，我到廚房收拾去了。

二狗：【匆匆上，唱】

岳父他今天生日全家高興，

他工資高來花不清，

我近水樓台先得月，

有錢是爹是社會風，

我拍，拍，拍拍拍岳父的拍馬屁，

我就是馬屁精。

二狗：哈。馬屁拍得響，有錢我沾光。孩他娘，你要的東西我都買回來了。

妻：老公，像你這麼好的我打著燈籠也沒處找呀。

二狗：你算說對了。

妻：你快去做吧，一會我爹就來了，好好露一手。

二狗：好，瞧好吧，【欲下】

【娘上場】

二狗：娘！你怎麼來了？你來有事嗎？

娘：狗子，今天是我的……【止】沒事，我這兩天感覺不好，
成天睡不著覺，我怕……抽空給我拿點藥吧！

二狗：噢，沒藥了，那行我抽空去拿。

妻：哎哎，這天都什麼時候了，快做飯去。

娘：要不給我上大醫院檢查檢查？

二狗：你這點病還用得著上大醫院嗎？

娘：那大醫院不是檢查得好嗎。

妻：我的天哪，那大醫院得花多少錢呀，你沒聽說嗎，一百二十一響，
三年樹苗白養。死了這份心吧。

娘：唉！我走了。

二狗：娘你就在這吃吧。

妻：說啥哪，在這吃不是給我添堵嗎？

二狗：這樣吧，咱不讓她上桌，讓她在廚房裡對付一下，不行嗎？

妻：你說行就行唄。

二狗：娘，你就在這吃吧。

娘：娘不了。

二狗：你看你，剛做通了她的工作，你又走，不是讓我兩頭為難嗎。

娘：那好吧。

二狗：咱上那邊那屋吃。

女兒：【上】媽……

妻：咋呼啥呀。

女兒：我姥爺來了。

【爹上場】

妻：可盼來了。爹怎麼來的。

爹：順路打車，哈……

妻：讓他開車去接你多好。老公，咱爹來啦，快上菜吧，爹你可得好好

喝點，想煞我了。

　　二狗：爹來了，酒到——菜到，吃好——喝好。

　　　爹：弄這麼多菜，簡單點，別浪費呀。

　　　妻：簡單了還叫給您老人家過生日嗎。

　　　爹：簡單也符合當前形勢。

　　　妻：看你們這幹部，咱這是在家，記者不來呀……

松風鶴韻雪清新——女詩人趙凌坤

趙凌坤（1960 年 -　），女，網名「獨倚斜陽」「臨水種花人」等，祖籍吉林省梅河口市人。柳河縣退休教師。中華詩詞學會會員。吉林省詩詞學會理事。通化詩詞學會副會長。

青少年時期隨父母經歷特殊歷史時期的輾轉而略嘗世事艱辛，工餘堅持寫作，三百餘首新詩先後在縣、市、省、國家報刊雜誌發表。喜歡古典詩文，而對李白、杜甫、李賀、李商隱、李煜、蘇軾、李清照等人的詩詞反覆閱讀與欣賞，不斷提高自身文學素養。二〇〇五年接觸網絡，開始古典詩詞的學習。作品多見於網絡詩詞論壇。先後參加《中華詩詞論壇——關東詩陣》舉辦的每年一度全國大型採風活動十餘次；作品收入採風專題詩詞集一千多首。並三次獲得專題採風十佳作者稱號。不定期參加通化詩詞論壇和佟江詩潮舉辦的大型採

▲ 趙凌坤

風創作活動；四次應邀參加遼寧省詩詞學會舉辦的大型採風創作活動，每次都有大量作品收入採風專題詩集。十幾年來，多首作品被收入《中華詩詞——吉林卷》《韻寫通化》等。並不定期於《長白山詩詞》（雙月刊）、《中華辭賦》《詩詞月刊》等專業詩詞刊物發表作品。《長白山詩詞》於二○一四年第五期《吉林詩家》做專題人物介紹。性情低調，不善於參加各種賽事。喜歡自然樸素的創作風格。二○○八年與詩友合集《青杏兒》。二○一○年結集個人詩文《倚天醉流霞》。

趙凌坤詩詞俱佳，詩風純樸、清新，筆法流暢、委婉。中華詩詞論壇壇主曾評其詩、詞：

「道是無題，卻含悲歡。言稱詠秋，倚夢參禪。遠近吟事，韻以聊天。詩思文路，凝於筆端。」

「或寒梅一剪，雪意朦朧；或遼東數紀，向未踟躕。黑陶醉處，欲把藍天斟一盞；紅葉瘋時，暢飲時光舀半壺。此等情懷，直疑巾幗胸中有；這般境界，料想前賢筆下無。」（《倚天醉流霞序》）

附詩詞六首：

秋　游

獨領清風擷韻寒，馳眸招遠倚危欄。
才憑一喝破胸壘，始信心寬天地寬。

早春登小南山

剪夢書懷浥雪塵，慢調水墨慰閒人。
荒溪隱唱抱春早，驛路浮泥托日新。
舉步天街風似舵，回眸市井我如神。
穿雲小雀知來客，好舌聲聲幾弄貧。

虞美人·有憶

那年浦上春光好，忍踏青青草。村橋鴨棹泛波瀾，撲面泥香柳狗漫隨肩。

柔懷若在多情處，夢囈皆辛苦。堪憐一別未成詩，直叫桃源節令憶當時。

臨江仙·題雪裡紅楓圖

撚斷相思何處寫？雲箋雪裡翻紅。秋來尋夢幾回同。源頭捎雅意，嶺上歇仙蹤。

遙憶胭脂初點染，泠泠霧隱嬌容。傾心一攝韻無窮。歲寒除寂寞，伴我待春風。

一剪梅兩闋

其一

昨夢依稀二月鞿，山未均勻，水未均勻。鵝黃才透幾分新。風亦殷勤，水亦殷勤。

移步長郊淺草濱，舉首成茵，俯首無茵。歸來誰贈半枝春？眉上消痕，心上留痕。

其二

最是相思軟柳長，日裡徜徉，夢裡迷茫。幽幽囈語盡衷腸，幾許情殤，幾許神傷。

牽挽長堤堆雪香，誰舞霓裳，偏戀輕颺。紅樓讀罷嘆溫涼，自古文章，任爾平章。

精美畫卷呈異彩——攝影家胡靜濤

　　胡靜濤（1960 年- ），吉林省柳河縣人。高級舞台美術師，通化攝影家協會會員，柳河攝影家協會藝術顧問。從事舞美設計、廣告攝影近四十年，生活閱歷豐富。勤奮好學的他，在藝術上卓有建樹，其獨到之處隨處可見。其作品從書法到繪畫，從攝影到美工，從傳統到現代，琴、棋、書、畫無一不涉獵。他的作品具有強大的吸引力和藝術魅力，給人以啟示和審美享受。

　　胡靜濤曾擔任「走進春天」「四季輝煌」「虎躍龍崗」「喜慶佳節・舞動和諧」「墨鑄龍魂」「永遠跟你走」等大型活動舞美設計；擔任大型文史畫冊《光輝的歷程》中國共產黨柳河歷史畫卷美編、攝影。《墨鑄龍魂》《墨韻童心》《騰飛柳河》《印象柳河》《聞香柳河城》《尋古羅通山》《追思走幹校》《賞藝

▲ 胡靜濤

聽鄉音》等畫冊執行主編、攝影。作品《大拜年》舞美設計,獲國家星光二等獎,《好花難開》舞美設計,獲吉林省一等獎,《家庭變奏曲》舞美設計,獲吉林省一等獎。

　　攝影散發光彩,體現真情,獨具見地,牽引想像,增強美感,這在胡靜濤的攝影作品中都有不同程度的體現。從小的拍攝場景到大的活動場面,都攝取了許多珍貴的鏡頭,紀實當代社會風貌、民族風情、民生狀態,特別是那些反映柳河政治、經濟、文化巨大變化的畫卷是最引人矚目的。其攝影作品亦有自身特點,取材廣泛,光影清晰,色彩鮮明,構圖精美,主題突出,用心靈感悟現實,體驗人生,向人們展示全民奔小康、創輝煌的美麗動人畫面。《墨鑄龍魂》《騰飛柳河》《聞香柳河城》《尋古羅通山》《賞藝聽鄉音》等畫冊是其代表作,最能體現其攝影藝術特色,構圖緊湊,場面壯闊,內涵豐富,視角獨特,觀之引人深思,感悟生活,陶冶情操,得到的是美的享受,從而更加熱愛家鄉,熱愛祖國,熱愛人民。

▲ 胡靜濤攝影作品

賦詩柳岸書豪情──抒情詩人王相國

　　王相國（1961 年－　），筆名林蕭，柳河縣羅通山鎮人。曾任甘肅省金昌市沙浪文學社社員，《金昌報》特約通訊員。現為吉林省作家協會會員，吉林省書法家協會會員，柳河縣作家協會顧問。

　　鍾靈毓秀的羅通山為王相國的童年提供了豐富的營養。父親為支援「三線」建設，義無反顧地去了大西北，母親便成了他的守護神。母親的故事可真多，為他插上了理想的翅膀。在歲月的長河裡，他逐漸成長，並走入中學校門。他避開外面的喧囂，徜徉在浩瀚的書海裡，書把他苦澀的年輪畫出有味道的線條，他居然也拿起筆開始編寫故事。

　　一九七六年十月，在西北工作的父親把他帶到甘肅參加工作。陌生的工作環境和複雜的人際關係，使他初嘗生活之艱辛，倍感工作之壓力，遂在工餘時間泛舟書海，與先哲結伴而遊，潛心自學，終於在一九八二年九月考入中央廣播電視大學中文專業，時年已二十一歲。上學期間，王相國連年被評為三好學生，其畢業論文《淺談李白的詠月詩》被評為優秀論文。一九八五年，他的散文《今宵月更美》第一次印成鉛字在《金川消息》報上發表，雖然文筆有些稚嫩，但他仍然十分高興。隨著文稿發表漸多，王相國轉而寫詩，其代表作《我，一個鎳都青年的性格》《鎳都的風采》等詩朗誦竟在單位大型詩會上連奪頭獎，部分詩作被《中國有色金屬報》刊載，

▲ 王相國

被列為中國有色詩會青年作者名錄中。隨後，又有散文評論通訊等相繼發表。

一九八八年九月，他告別西部大漠，回到闊別多年的家鄉——柳河。正如他在《自題》詩中所描繪的那樣：

少辭羅通求功名，西去大漠度春風；
炊煙已杳碧空盡，唯見長河落日紅；
莫高遠去歸故里，經年發憤獨步行；
走筆慢慢人生路，潑墨款款抒豪情。

在繁忙的工作之餘，他依然痴心不改，記錄生活點滴，抒發個人情感，除詩歌創作之外，還為縣內電視專題片和地標性建築撰文，創作詩詞歌賦百餘篇，其代表作品《柳河體育健身中心記》《柳印長河賦》《柳河世紀廣場賦》《柳河振興廣場賦》《柳河賦》等被刻字成碑；其抒情詩《柳河，我美麗的家園》《柳河的風采》等詩作在全縣大型文化活動中配樂朗誦，被廣為稱道。以上詩文作品均被收錄在詩文集《寄一個春天給你》中。

《寄一個春天給你——王相國詩文集》，二〇一二年十一月出版。全書共分五部分：辭賦碑文、朗誦詩、抒情詩選、序言和寄語、自撰對聯廣告語集錦。

其詩諸體皆佳，激情奔放，音韻和諧，語言精練，形象生動，節奏鏗鏘，洋溢著強烈的時代氣息，極富感染力。其賦主題鮮明，結構緊湊，語句警策，行文流暢，感情飽滿，氣勢磅礴，謳歌柳河巨變，讚頌祖國富強，譜寫時代華章。

羅通山的青山綠水孕育了他熱情豁達、誠懇質樸的天性。正如通化市委宣傳部長經希軍在該書序中所寫：

童年鄉村生活的浪漫靈動，青年西北戈壁的粗獷豪情，中年東北雪域的坦誠率真，歷練了他慎思明辨、剛直儒雅的性情……作為一個有心志有情懷的

人，無論時境如何變遷，相國始終根植鄉土，堅守一縷溫情與心靈的寧靜，堅守對信念和理想的追求。

王相國所寫詩文感情真摯，字裡行間使人感到羅通山人所特有的淳樸、寬厚、豪放的胸襟，那種依戀故土、熱愛家鄉、熱愛人民乃至熱愛祖國的深情厚意躍然紙上。其賦國學功底深厚，且立意高遠，描寫細膩，氣勢雄渾，場面壯闊，氣吞山河，讀之令人精神振奮，蕩氣迴腸。

《柳印長河賦》

龍行一統，柳印長河；亙古徑流，綿延不絕；逝者如斯，晝夜不捨。天賜玉液，地厚恩澤；千載滄桑，百世長歌。

及至庚寅，柳水新波。科學發展，奮進和諧；黨政齊心，科學決策；關注民生，履職盡責，善謀新舉，運籌帷幄；立意高遠，再開新河：一帶景觀，三境特色；四區布局，匠心獨特；一十二園，參差錯落；二十一景，風姿綽約。以柳為魂，形神兼得；西起柳興橋，東至柳樹河；南北兩岸似錦，春秋四季如歌。歌之者曰：柳水溯源尋根，柳志汗青成冊；沐浴柳岸古風，輾轉柳林雅閣；柳絮飛花曼舞，柳域玄武興業；心染柳韻墨香，情動柳風揚波；柳浪晴帆入畫，柳瀑飛虹賦歌；柳醉葡情看酒，柳韻金田觀禾；柳玉吐芳沃野，柳水無香碧波；柳舞龍翔天宇，柳染丹青筆墨。柳映晨霞織彩錦，柳秀林峰影婆娑；遙看柳惠杏林，近觀柳月風荷。十里長堤畫卷，百年縣城柳河。壯哉，江山勝蹟；美也，柳印長河！

回望長河兮，前思古人；登臨高山兮，後勵來者；造福斯民兮，公僕本色！存山河之麗影，厚民生之功德。嗟夫，蒼生之幸，有此長河；吾輩之福，時代放歌！今作小賦，記之者也，祈望諸位，守土盡責，同譜發展曲，共唱和諧歌！

　　　　　　——於二〇一〇年四月為柳河一統河規劃二十一景而作。

文潮海韻抒胸臆——小說家、詩人黃如金

　　黃如金（1962年-　），吉林省柳河縣人。現為吉林省作家協會會員、中外散文詩研究會會員、通化市作家協會副秘書長、《新詩》編委、柳河縣作家協會主席、《河邊柳》月刊主編。

　　自一九八一年開始業餘文學創作，共創作各類文學作品近四百篇（首）。先後在各類報刊發表作品數十篇（首），其中詩歌《風箏》發表在《文萃》二〇一一年增刊，詩歌《山頂，一棵孤松》獲二〇一一年通化市「貴隆杯」詩歌大賽二等獎。

　　二〇〇一年出版詩集《老房子》。黃如金兒時即揮毫寫詩，吟詠童年，憧憬未來，少年壯志，海闊天空。他熱愛家鄉，熱愛田園，熱愛校園，五光十色

▲ 黃如金

的生活畫面為其寫詩提供取之不盡、用之不竭的素材，只有熱愛生活、心繫家鄉、立志報效國家的人，才是生活的有心人，才能寫出那動人心弦的詩章。對此，他頗有感觸：

> 「能夠在詩意中活著，是一種很高的精神境界。在生活中幻想，會使生活更加色彩斑斕；在幻想中寫詩，會拋卻塵囂，淨化心靈；而能把自己對生活的所思所想所見所感，以詩的形式記錄下來，也是一件富有情趣的事情。用自己的筆，記下對人生的感悟，記下對故鄉的眷戀，記下一份真情、幾縷思念……再用這一切去充實空虛的靈魂，讓一顆漂泊的心，找回自己的家園。」（《老房子‧後記》）

這是詩人寫作的緣由，這是詩人寫作的宗旨，這是詩人寫作的宣言。通化市作協主席劉伯英說：

> 「這些詩坦開了青年人的心扉，將他們對美好生活的嚮往，他們的愛慕、幸福、辛酸和痛苦，用抒情的筆調，像山泉一樣，從隱秘的泉眼裡，舒暢而又曲折地、晶瑩透徹而又浪花四濺地流淌出來。他通過對農村生活的描寫，盡情歌唱了祖國美麗山河的自然面貌，歌唱了青年人的高尚情操……綜觀這部詩集，可以看出詩人探索追求的苦心和歷程。黃如金的詩，常常具有一種東方傳統神祕的抒情美、精巧的裝飾美和雕刻的調和美，文體清麗而優雅，富有感情色彩而又蘊含一定的哲理性。」（《老房子‧序二》）

二〇〇四年出版詩集《越活越明白》，正像詩集名稱一樣，他越活越明白。經過生活的歷練，詩人變得倜儻、豪爽、豁達、大度、開朗起來，這才是詩人的本色，這才是詩人的風範，這才是詩人的胸懷，這才是詩人的境界。

其詩反覆吟誦，一唱三歎，波瀾起伏，不過分地渲染，發自內心的詠歎，返璞歸真，這是大自然在現身說法，是在感化人的心靈，是在啟示人們：天人合一，才能譜寫和諧世界最美麗的樂章。

著名作家王汪說：

> 「黃如金的詩，不造作，不矯情，不晦澀蒙人，不裝腔作勢，不朦朧布陣，不無病呻吟。他的詩，坦誠、大度、熾熱、純淨，以其真情與讀者心心相印，使讀者自然產生共鳴，感到彷彿不是在讀他人的詩作，而是在傾聽自己的心聲。」

二〇一三年出版長篇小說《逃進深淵》。情節起伏跌宕，一波三折，商海中玄機使人莫測，取之無道，就難以立穩根基。在刻畫人物性格上作者獨具匠心，採用心理描寫、環境描寫、正面描寫、側面描寫等多種手法揭示人物性格，深入人物的內心世界，大背景與小環境交錯，為人物活動提供充足的場地，虛實兼顧，形象鮮活。男主人公闞富臣看好商海，卻不能把握商機，打著自己的如意算盤，但他心術不正，慣於耍花招，投機鑽營，不擇手段，凶狠毒辣，道德淪喪，幾乎是五毒俱全，他不是企業家，而是投機商，是大盜，是惡棍，他上演的是鬧劇，惡作劇，其結局也是注定的，他一生的軌跡是不走正道的惡魔的軌跡。女主人公謝瓊具有一定的女強人特徵，在下海生涯中，是有事業心和進取心的，寬容、大度、善良，果仁被騙走，並不憎恨金月辰。她還有惻隱之心。但她不能抓住機遇，經不住金錢的誘惑，看重金錢，得之無路，又費盡心機，她如及早悟道，猛醒，或許能步入正道。

黃如金是柳河縣文學活動的主要倡導者和組織者，曾於一九八三年至一九九二年創辦柳河縣綠園文學社，主編《綠園》十八期，主編會員作品集《綠詩集》一部。一九八三年至一九八五年組織柳河縣文學創作中心小組、柳河縣文學創作協會，主編《柳絮》文學雙月刊三期。二〇〇五年十月發起創建通化市

作家協會柳河分會，二〇〇七年七月正式轉為柳河縣作家協會。二〇〇八年、二〇一二年先後主編《柳河文學》第一卷、第二卷。二〇〇六年一月創辦《河邊柳》文學雜誌，二〇一〇年一月改為月刊，至二〇一四年五月已出版發行七十餘期。在黃如金帶動下形成一批以中青年為骨幹的文學創作隊伍，為柳河文化大發展大繁榮做出巨大貢獻。

放筆直書氣雍容——書法家施展

　　施展（1962 年 -　　），曾名益臣，字聖山，號臥虎山人，菊香齋、祥雲軒、師古堂主人。遼寧省寬甸縣人。祖籍山東海陽，東港臥虎山施姓家族。中國書法家協會會員，吉林省書法家協會會員，柳河縣書法家協會副主席，柳河縣美術家協會常務理事，柳河縣政協書畫院書畫師。一九八一年參軍，有三年軍旅生涯。

　　作品先後入展「天馬杯」全國書法大賽、中日篆刻聯展、全國第三屆楹聯書法大展、孔子誕辰二五五〇年書法大展、吉林省第一屆篆刻藝術展、吉林省世紀書法大展、「龍崗杯」全國書法大賽、二十一世紀全國首屆書畫篆刻展、吉林省浙江省書法聯展、好太王碑書法邀請展、「三晉杯」全國公務員大賽、書法導報作品展、「高恆杯」全國書法大賽、走進青海書法大賽、全國第三屆扇面展、全國第二屆隸書展、全國第二屆「鄱陽湖杯」書法大獎賽、中國通化

▲ 施展

松花硯石藝術節中國書法名家邀請展、「中國書法之鄉」二十家書法作品聯展、慶祝改革開放三十週年吉林省書法大展、全國書法名家精品邀請展等。

▲ 施展作品

書法作品獲吉林省硬筆書法佳作獎、「蘭亭杯」全國書畫大賽三等獎、吉林省首屆臨帖展金獎、吉林省黨政軍幹部書法展銀獎、第六屆亞洲藝術節吉林省書法精品展優秀獎、「亞泰」金獎、首屆鄱陽湖書法大賽優秀獎、榜書精品國際巡迴展第三名、「博藝杯」九州市硬筆書法聯展銅獎、第二屆長春國際汽博會書法作品優秀獎、《書法導報》全國青少年書法大賽青年組二等獎、第二屆東北亞書畫攝影展紀念獎、全國首屆個體私營（民營）企業書法展優秀獎、吉林省紀檢監察書畫攝影作品展二等獎、吉林省工商系統繪畫作品「花鳥」優秀獎等；入展全國首屆冊頁書法作品被永久收藏。

早在某部隊通信連服役期間，他就痴心書法，業餘時間，就臨帖練字，直至深夜。退役後，從事美術裝潢，更能發揮其藝術專長。一邊學習書法理論，一邊臨帖練字，每日必書，刻苦練功，所寫宣紙堆積如山，廢筆成丘。他為人坦誠豪爽，胸懷寬廣，結交書法名流，常與書友切磋，博采眾長，書藝漸進佳境。他積極參加各級書展，接觸書法名家，視野拓寬，書法與時俱進，形成自己獨特書法風格。

其於二〇一〇年五月參加《全國書法名家邀請展》，入展作品賈島詩《尋

隱者不遇》，草書。神馳意造，張弛得法，舒展自如，字形或大或小，或濃或淡，隨心而為，盡意乃止。由此可見不趨時尚、不落窠臼、能夠準確表達本意的書法作品，一定是好作品，體現作者獨特風格。

其於二〇一一年參加中國‧通化松花硯石文化藝術節中國書法名家邀請展，入展作品《步乾隆皇帝原玉詠松花石》，行書。字形大小勻稱，行款整齊，清秀飄逸，筆勢靈動，意境深遠。

其於二〇一一年十二月參加《人間正道是滄桑——紀念毛澤東誕辰一百二十週年書畫藝術展》，入展作品《毛澤東詞〈水調歌頭‧重上井岡山〉》，草書。筆畫遒媚，轉折圓勁，翰墨濃淡皆宜，兼有飛白，氣勢不凡。

施展亦精篆書，所書叢文俊先生聯「車水馬龍門前多客 春雨秋風天助豐年」，金文，在金石氣與筆墨表現力之間力求寫出自己的篆書個性。筆下流瀉出些許的古奧、厚重，不求尖細、淺薄，別開生面，倒有自己的個性。施展的篆刻也很有特色，這與他鍥而不捨、不懈努力分不開。凡是篆刻高手，多是平時先練習篆書，特別是小篆，待能記熟篆書字形，掌握篆書結構特點之後，再操刀沖切，練習刀法。施展即是如此，手寫篆書自如後，就不斷進行篆刻。為求手熟，不擇石料，軟石、硬石均用。一般石頭也刻它幾下，進行篆刻的基本功訓練。他一度在紅磚上進行篆刻，磚的質地不如石料細膩，刻之不下細末，有時成片下落，字形殘破者多。久之，施展琢磨，可像齊白石那樣用力沖切，又根據紅磚粗糙的特點，大膽走刀，不怕些許斷裂，所刻字形略帶鋸齒，顯得粗獷、壯闊，不是石料所能展現的。此後他意在刻先，大刀闊斧，沖切兼用，隨心所欲，常中有變，獨創一格。其紅磚篆刻，粗獷豪放，氣勢恢宏。由於他苦練基本功，終於掌握篆刻的方法和規律，刀法日趨成熟，不苛求石料，小大由之，信手拈來，技藝精湛。印宗秦漢，施展反覆學習漢印技法，其印最初趨於平整方正，講究對稱呼應，後來受現代印風影響，力求多變，與時俱進，自主創新，風格大變，篆刻進入新領域。

書為心畫得神韻——書法家張輝

　　張輝（1963 年 -　），柳河縣羅通山鎮人。自幼喜歡書法，聆聽書法名人教誨，悉心描綠、臨帖，孜孜不倦，大有長進，譽滿鄉里。一九七六年，他集中精力學習書法。初學唐楷，反覆臨顏真卿《多寶塔感應碑》帖，為顏體清勁腴潤、結構勻穩嚴謹所傾倒，醉心妙筆，書寫不輟，夜深不眠。及見柳公權《玄秘塔碑》帖，愛不釋手，朝夕臨帖，體會其遒勁，感悟頗深，多有所得。後學二王、米芾、蔡邕、李北海等名家名帖，致力於楷書、行書研習。尤熱衷於臨《蘭亭集序》帖，此帖筆姿變化多端，運筆流暢勻和，筆勢自然含蓄，像磁石一樣吸引著張輝。他在學寫中反覆揣摩王羲之筆意，由形似到得其神趣，專心致志，寒暑不輟，感悟生發，獲益最多。

▲ 張輝

▲ 張輝作品

　　張輝自號關東自然人，他認為關東本身就是歷史形成具有特色的文化區域，與中原文化血脈相連。生其村名「自然」，心繫桑梓，故稱「自然人」。他特別喜歡道家「道法自然」「順其自然」「師法自然」的哲學觀點，又喜歡蘇軾「了然於心於口於手」「書為心畫」之論。他追求「書為心畫」的境界，心中有字，意在筆先，寫時做到「心手兩忘，得心應手」，下意識地流露美感，力爭達到「隨心所欲不踰矩」，所寫的字不超出書法的規矩，要遵循寫字的規律，只有寫出心中想表達的美，這才是書法。厚積薄發，熟能生巧，大練基本功，夯實基礎。他在常用字上最下功夫，僅一「福」字就寫二十多萬遍。體會最深的是：練字應由淺入深，循序漸進，舉一反三，觸類旁通。首先練好偏旁部首，即練好一字的三分之一，然後再練習相關部分，由部分到整體，真正寫好一個完整的字，切實掌握結構特點，心不厭精，手不厭熟，重在積累，得其神韻，才能深入淺出，得心應手。

張輝潛心研究書法三十餘年，對楷、行、隸、篆及甲骨文諸體都下過功夫，善寫大字，尤以行書見長，形成了筆勢流暢、活潑自然、行雲流水、剛柔兼濟的獨特風格。現為通化市書法協會會員、中國書法藝術家協會藝委會委員、香港東方文化中心館館員、北京時代金城書畫院院士。

　　二〇〇二年獲通化市書法展二等獎；二〇〇五年獲紀念左權誕辰百年全國書畫大賽銀獎，獲中國當代優秀書畫藝術家稱號，作品編入《中國書畫精品集錦》；同年八月獲「福祿壽喜梅蘭竹菊」書畫大賽銀獎，獲「書畫藝術名家」稱號，作品編入《福祿壽喜梅蘭竹菊書畫精品彙集》；同年分別獲「華夏龍」「綠天庵」書畫大賽獎，作品入編。二〇〇六年參加中國書法刊授研究班學習，指導教師曾翔；同年傳略編入《中國現代書畫篆刻界名人錄》，書法作品刊登於國務院扶貧辦主辦《中國地區開發》雜誌。二〇〇八年六月二十八日獲「奧運有我全國書畫高層論壇」銀獎；同年八月於「請福、聚福、送福、得福」全國大賽中，獲「萬福金獎」特別提名獎，入編大典，授予「慶祝新中國六十華誕德藝雙馨藝術家」稱號。《通化日報山城週末》作過題為「痴心書法三十年」報導。作品發表在《今日世界》《青年教師》《百科教師文匯》等雜誌。

　　二〇一〇年三月至六月，分別參加北京書畫筆會和金城書畫院書畫展。二〇一一年十一月被評為「北京時代金城書畫院」院士。二〇一一年四月二十一日優酷視頻對張輝書法進行了採訪。新聞與法制網、改革與發展網均有介紹。二〇一二年三月三日優酷、鳳凰網專訪：關東自然人張輝。同年四月，「中國文化遺產保護部」為張輝辦理書畫潤格證，書法作品每平方尺九千元。二〇一一年十二月參加電影《翻過那座山》開機儀式和新聞發布會。作品被韓國、加拿大、北京、甘肅、北海、瀋陽、大連等地友人收藏。近幾年來，曾寫長卷《金剛經》《弟子規》《三字經》等，求寫者甚多。二〇一四年，任中藝名書畫院副院長。同年七月十五日到二十二日，書法作品《金剛經》《道德經》於韓國首爾參加第三十五屆大韓民國美術展。

古篆金文秦漢風——痴心鐘鼎的排頭兵李超

李超（1965 年 -），字山人，號翰香齋主人。吉林省柳河縣人。中國書法家協會會員，吉林省書法家協會會員，通化市書法家協會理事，柳河縣書法家協會副主席。

李超早年書藝受叢文俊先生啟蒙，於二〇〇五年十一月在中國書法家協會培訓中心研修，受教於言恭達、李剛田、劉文華、倫傑賢、許雄志、張繼等名師。

二〇〇五年以來，李超參加中華全國總工會、中國文聯、中央文明辦、中

▲ 李超

央電視台主辦的中國書法家進萬家活動，書法作品先後入展「華鵬飛杯」電視書法大賽、二〇一一年青塔湖杯全國首屆書畫大賽、中國遵義二〇一一年餘慶飛龍湖全國書畫大賽、首屆黃庭堅杯全國書法大賽、慶祝東坡書畫院成立十週年五屆書畫大賽、慶祝建黨九十週年「信德杯」全國個體私營賽（中書協）、中國書法城——烏海杯當代書法國際大賽（中書協主辦）、瑞中杯慶祝建黨九十週年全國大型書畫展、中華曾姓祖根地首屆全國書法大賽、「古河州杯」全國書法大賽、「接官亭杯」書法手卷大賽、二〇一二年第五屆商鼎杯（歷屆獲獎作者邀請展）、第二屆、第三屆東北亞國際書畫攝影展、第二屆「四堂杯」中國書法精品大展、二〇一四年全國榜書大展、中國書法網二〇一四專題展、中國文聯、中國書協紀念傅山誕辰四百週年全國書法藝術展入展（中國書協）、第二屆中國職工藝術節「潞安環能杯」全國職工書法美術展等。

李超書法作品獲二〇〇五年《書法導報》全國青少年書法大賽青年組三等獎、二〇〇七年《中華情》全國美術書法徵集巡迴展全國獎、《書法導報》國際年展銀獎、二〇〇八年紀念改革開放三十週年吉林省書法展三等獎、首屆墨如金全國詩書畫展優秀獎（廣東書協）、韶山毛主席群眾文藝館作品展優秀獎、二〇〇九年吉林省二屆臨帖展覽銅獎、二〇一〇年中國國家畫院舉辦的九成宮全國書法大賽二等獎、二〇一一年紀念辛亥革命一百週年「恆兆杯」全國書法大賽優秀獎、第二屆臨川之筆人防杯書法展覽優秀獎、綠映蒲縣全國書法展覽三等獎、第四屆商鼎杯全國書法大賽銀獎、永遠跟黨走職工書法藝術大賽（《廣東書法報》）優秀獎、第五屆中國（重慶渝中）中小學生書法節教師組全國獎（最高獎）、孫詒讓杯全國甲骨文書法大賽

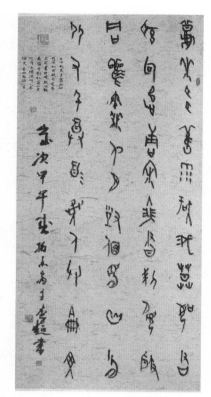

▲ 李超作品

優秀獎（最高獎）、第三屆「觀音山杯」全國書法大賽（廣東）三等獎、慶祝郯縣東坡書畫院成立十週年書畫大賽獎優秀獎、第四屆、第五屆東北亞國際書畫攝影展優秀獎等。二〇一四年作品入選當代書法五百強，作品先後被中國美術館、中國軍事博物館、中國國家畫院、毛主席群眾文藝館等多家博物館永久收藏。

李超在不斷學習創作中，積累了許多創作經驗，逐漸形成自己特有的藝術風格，意境是書法的靈魂，他的書法有著極強的意境美。

李超崇尚傳統，崇尚文化研習，篆書取法金文渾穆淋漓，隸書汲取兩漢之古樸，融金農及清人筆法。

李超對古文字作為承載中國文化的一個載體，凝聚了中華民族幾千年的智慧，具有豐富的文化歷史信息含量，做了深入研究。篆書的形式美感、筆墨韻味和金石氣息在其作品中得到充分表現。

運筆從容闊胸襟──書法、篆刻家曲志剛

　　曲志剛（1965 年 - 　），吉林省柳河縣人。中國書法家協會會員，吉林省書法家協會會員，通化市書法家協會理事。柳河縣書法家協會副主席。

　　書法作品入展一九九七年全國第二屆正書大展、二〇〇四年紀念鄧小平誕辰一百週年全國大型書法展、二〇〇五年全國第二屆扇面書法展、二〇〇五年全國首屆《走進青海》書法展、二〇〇六年西泠印社首屆手卷書法展、二〇〇七年紀念傅山誕辰四百週年全國書法藝術展、吉林省第一屆篆刻藝術展、全國第九屆書法篆刻展、中國書法百家寫蘭亭序、全國印社聯展、二〇〇九年全國第六屆楹聯書法展、二〇一〇年廣結佛緣──全國書法名家楹聯作品邀請展、首屆「四堂杯」中國書法精品大展、二〇一一年中國遵義餘慶飛龍湖全國書畫大賽、二〇一二年全國第三屆青年書法篆刻作品展特邀作品展、「賀州杯」全國書法小品展等。

　　書法作品獲一九九七年吉林省書法家新作展銀獎、二〇〇〇年慶祝中華人民共和國成立五十一週年吉林省書畫作品展二等獎、二〇〇一年吉林省九市（州）硬筆書法聯展銀獎、二〇〇二年吉林省黨政幹部千人書法展金獎、二〇〇八年第三屆商鼎杯優秀獎、楊守敬杯國際書法大賽優秀獎、中國・芮城首屆永樂宮國際書畫藝術節優秀作品獎、二〇〇九

▲　曲志剛

年「建文杯」全國書法作品展銀獎、「和諧海西」第二屆義海杯全國書畫大獎賽三等獎、二〇一〇年中國（曲阜）國際孔子文化節書畫大展三等獎、第三屆「義海杯」全國書畫大獎賽優秀獎、二〇一二年第二屆北蘭亭書法電視大賽三等獎、「交通杯」書法展優秀獎、「湧泉杯‧浙東書風」第二屆書法展優秀獎、吉林省首屆書法教師和高校學生正書書法展一等獎等。

曲志剛在中國書協主辦的展覽上多次入展獲獎，靠的正是他那一手點畫精到、功底深厚的小楷。曲志剛書法取法高古，以鍾繇、王羲之父子書法作為自己的臨摹學習對象，把王寵小楷作為自己的主攻方向，數十年來，朝斯夕斯，心無旁鶩，孜孜以求，甘之如飴，終於在鍾王小楷的藝術世界裡找到自己的立足點，並且將這個立足點推而廣之，智慧而堅定地營造起一座屬於自己的精神家園。

功夫不負有心人。經過長期的磨煉，曲志剛逐漸領悟古人的筆法和結體特徵，也懂得從魏晉人的精神氣象上去尋求突破。從一開始的追摹形似到後來的形神俱似，他耗費大量時間和精力。其中既有「山重水復疑無路」般的困惑迷惘，也有「柳暗花明又一村」般的豁然開朗。

觀其所作，用筆細膩精到，點畫清俊，筆勢暢達，氣韻生動，章法和諧，墨色變化一任自然。全篇洋溢著一種古樸典雅，風神灑落的雍容氣象。他的作品，既講究技術的嫻熟，也注重形式美感的統一，尤為可貴的是，他幾乎沒有受時風的影響，而是始終徜徉於鍾王經典的歷史時空裡，與古人直接對話。因此，他的作品便具有了一種醇正、質樸、高古、典雅的藝術品格。他書寫不同的文字內容，會在筆法、結體和章法上適當加以變化，儘可能使他的不同的作品體現出不一樣的藝術感覺，而在整體風格上卻又有著統一的基調。要做到這一點，沒有深厚的臨池功底和良好的綜合修養是很難達到的。

曲志剛篆刻、書法俱佳。起初其篆刻基礎堅實，所治印章端莊典雅，風格工穩，刀法嫻熟。後來其篆法大變，大刀闊斧，粗獷豪放，不事雕琢，純任自然，大變故態。又兼靈活多變，線條曲直自如，隨形布勢，發揮想像的空間，

追求線條的質感，富於流動感，體現審美性，而不去單純追求實用性，跳出傳統的窠臼，自主創新，另闢蹊徑，鍥而不捨，必有更大進展。曲志剛書法以楷書見長，小楷尤佳。其作品獲二〇一二年蘭亭雅韻第二屆北蘭亭書法電視大賽三等獎，並收入《蘭亭雅韻第二屆北蘭亭書法電視大賽作品集》。作品《畫錦堂記》，係楷書，字形方正，疏密長短一任自然，結體嚴謹，遒媚秀逸，勁挺疏朗，深得王羲之書意，筆法精妙，徐徐拈筆，柔中有剛，頗見筆力，不同凡響。

　　曲志剛不僅書內功夫好，也特別注重書外功夫的修練。讀書、遊歷、交流、思考，都成為他工作以外的主要生活內容。從他的小楷，可以感受到他做人做事的嚴謹，也可以感覺到他飽滿的藝術激情和超然物外的思想情懷。魏晉以降，書風多變，可謂流派紛呈，名家輩出，但魏晉風流卻使後世書家仰慕千載，流連忘返。曲志剛致力於鍾王，直以魏晉為法，不慕時賢，其品也高，其志也堅。

　　他沐浴在魏晉風流之中，藉助古人筆墨，散我懷抱。修身齊家，獻身書道，服務社會，在成績面前保持了一份冷靜，一份淡泊，這恰恰是人們尤為看重的。隨著歲月的流逝和他的不斷努力，他會給人們帶來更多的驚喜。

▲　曲志剛作品

痴心翰墨志創新 —— 柳河書法帶頭人徐相凱

徐相凱（1965 年 -　），字雲曦，廣藝堂主人，吉林省柳河縣人。中國書法家協會會員、中國書法名城（之鄉）聯誼會理事、吉林省書法家協會理事。

二十世紀八〇年代初，就讀海龍師範學校，師從書法前輩李貴庸先生，從此與書法結下不解之緣。書法從唐楷入手，打下堅實基礎，行書直入二王，得其三昧，而後尤喜宋人意韻。曾得吉林大學教授、書法家叢文俊先生指教。

一九九三年，徐相凱與好友趙立新、呂昕、黃彥平組建羅通山書社，向書法藝術更高層次追求和探索，三十餘年臨池不輟，刻苦鑽研。書法作品入展全國「大連杯」書法大賽、吉林省「美在生活中」書法大展、吉林省書法展、吉林省黨政軍幹部書法展、首屆吉林省書法臨帖展等。

從事書法普及教育工作十餘年，培養的學生在全國書法大賽中多次獲獎。近年來，在潛心臨池的同時，更熱心於書法的普及和書法社會活動，打造地域

▲ 徐相凱

文化品牌，積極申創「柳河書法之鄉」。組織柳河書協常年開展書法進校園、進鄉村、進軍營、進機關、進企業等活動；聘請省內外書法家到柳河講學；組織柳河書協參加全國書法展事，對推動柳河書法事業做出重大貢獻，在全省乃至全國形成有影響力的「柳河書法」現象，他個人也多次被中國書協評為「中國書法進萬家」活動先進個人。

徐相凱精於楷、行、草書，而以楷書、行書見長。學習書法要走正確的路徑，先楷，後行，再草，循序漸進。傳統書法是歷代書法家的結晶，是書法文化的積澱，是博採眾長的精品。學習書法經典作品，在臨帖上下功夫，知源頭，明出處，尋求規律，掌握寫法，汲取精華，才能融會貫通。徐相凱就是沿著正確的學習書法之路，執著奮進，堅忍不拔，扎紮實實練好楷書，讓基本筆畫爛熟於心，形體結構早存腦中，所以他意在筆先，運筆從容，書寫自如。早在海龍師範讀書期間他就養成了良好的書寫習慣，他堅信「永字八法」，每日練字，寧少求精，正身凝神，感悟生發，心領神會。任教後，一如既往，百寫不倦。工作幾經變動，筆耕不輟，所以他的書法才能與時俱進，推陳出新，卓有成效。徐相凱的小楷獨樹一幟，蠅頭小字尤見功力，間架結構緊湊勻稱，筆法

▲ 徐相凱作品

圓熟，字勢飄逸，剛健婀娜，縱橫瀟灑。其於二〇一〇年五月參加《全國書法名家邀請展》，入展作品杜甫詩《望岳》，草書。章法自然，結體輕巧，筆力勁拔，行氣流暢，俊秀瀟灑。

二〇一一年參加中國·通化松花硯石文化藝術節中國書法名家邀請展，入展作品耿鐵華詩《與松花石長相依》，行書。筆飽墨酣，淋漓痛快，兼有飛白，超然物外。

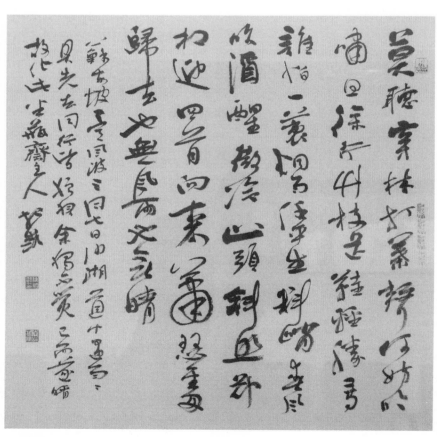

▲ 徐相凱作品

天道酬勤練真功——隸書高手呂昕

　　呂昕（1966 年 -　　），號松心齋主人，網名林子、羅通山民，吉林省柳河縣人。中國書法家協會會員，香港書法家協會會員，吉林省書法家協會理事、教育委員會副秘書長，吉林省政協書畫院書畫室特聘書法家，通化市書法家協會副主席，通化市青年書法家協會副主席，通化書畫院書畫師，通化政協書畫院書畫師，柳河縣書法家協會副主席兼秘書長。

　　初見呂昕，一個典型的東北大漢，身材魁梧，臉型方闊，經常留著一頭板寸，表情嚴肅甚至深沉，近視鏡下的目光有些深邃。經常接觸，就會發現他是一個熱誠樸厚、精細嚴謹的人。為人坦蕩而豪爽，志於道，依於仁，恪於勤，故其書根基深厚，基本功紮實，書寫流暢，以大字為主，起筆裹鋒，略有停滯，挫筆逆行，速疾駭人，收筆回彈，剛柔相濟，沉著痛快，一氣呵成。線條直來直去，作品樸素大方，突出表現了直線條的風格。

　　呂昕的書法作品曾入展全國第七、第八、第九屆書法展，中國書法最高獎第二屆中國書法蘭亭獎，第二屆隸書展，第四屆正書大展，第四、第五屆楹聯書法大展，首屆「小欖杯」書法作品展，首屆「敦煌杯」全國書法大賽及全國書畫小品展，首屆大字書法

▲ 呂昕

作品展，首屆公務員書法大賽，全國福文化邀請展，全國龍文化書法展，墨舞海西全國中青年名家雅集邀請展，全國第二屆性靈派書法大賽，紀念傅山誕辰四百週年書法藝術展，當代名家系統工程一千人書法精品大展，全國中青年書法家五十人展，入選全國書法藝術大賽「冼夫人獎」，《中國書畫》中國書法提名展‧吉林，吉林省書法精品展等。獲全國楹聯書法篆刻大賽創作一等獎，南戴河「荷花杯」全國書畫大賽一等獎，「走進青海」優秀獎，全國南方長城杯書法大展優秀獎，第一屆「建文杯」全國書法大賽優秀獎，全國陶人葛福字杯書法大賽優秀獎，「群星璀璨」全國群眾美術攝影作品優秀獎，青海「義馬杯」全國書法大賽二等獎，東北亞書畫攝影作品展書法銅獎，第二屆「建文杯」全國書法大賽二等獎，第三屆國土資源杯書法大賽特別獎，《書法導報》國際書法大賽專業組三等獎，第二、第四屆東北亞國際書畫攝影藝術展銅獎，第二屆「杏花村汾酒集團杯」電視書法大賽入圍獎，書法作品為鄭板橋故居、趙樸初故居收藏，書法作品刻入甘肅《黃帝內經》千家碑林。二〇〇六年被《中國書畫》雜誌評為吉林省十大青年書法家，二〇〇九年被中國書協評為中國書法進萬家先進個人，二〇一四年被北京水墨公益基金會提名吉林省十大青年書法家。

　　《通化書畫藝術家叢書‧呂昕書法集》二〇一〇年由中國書畫出版社出版。全書書有《五湖一船聯》《精鶯心游聯》《素琴短笛聯》《千山半夜聯》《海納壁立聯》《弘一法師手書集聯》《王維山居秋暝詩》《張殿斌詩》《臨伊秉綬聯》《臨石門頌》《臨鄭谷口隸書》《臨封龍山頌》《臨散氏盤局部》《靜坐曉行聯》《唐崔道融詩句》等。

異軍突起創新格 —— 書法篆刻家趙立新

趙立新（1966 年 -　），筆名老漢，吉林省柳河縣人。別署力辛，號漢晉堂主人，現為中國書法家協會會員，中國印學研究所研究員，遼寧省書法家協會理事，遼寧省篆刻委員會副主任兼秘書長等。篆刻獲全國篆刻藝術展銅獎，論文獲全國康有為杯優秀論文獎。書法篆刻先後入展全國第二屆新人新秀書法篆刻展，第六、第八屆中青年書法篆刻家作品展，全國第五、第六、第七屆篆刻展，全國第十屆書法展等近百次大展。

趙立新篆刻自成一家，王力春稱其「三絕」：一為恪守傳統，不為時風所動；二為刀法之絕，動手操作，駕輕就熟，遊刃有餘；三為拓款之絕，烏紗蟬翼，心猶在手，言談之際，神采立現。趙立新書法獨具一格，以印入篆，書印相生，採三代之精華，熔金石之古氣，錘煉篆籀線條，增其內斂之美。

二〇〇〇年九月，在瀋陽畫院舉辦「四合篆刻展」。二〇〇二年篆刻作品入選「遼寧書協成立二十週年晉京書法篆刻展」，並出任該書編輯。二〇〇三年出版《當代篆刻百家》趙立新卷，同年出任遼美《聶成文書畫集》特邀編輯、遼美《沈延毅誕辰一百週年紀念集》編委。二〇〇三年主持遼寧省篆刻藝

▲ 趙立新

術展開幕式。二〇〇四年，編輯出版《江蘇——遼寧篆刻百人精品集》。二〇〇五年，篆刻作品入選全國第五屆篆刻展，並在現場報導了第五屆全國篆刻展評選，有文章《〈八年等待、花開正豔〉第五屆全國篆刻展評選紀實》發表於《書法導報》，另有文章《讓我歡喜讓我憂——第五屆全國篆刻展散記》在《書法導報》連載。二〇〇五年九月，參加全國康有為杯書學研討會並獲優秀論文獎。二〇〇七年一月二十六日，代表《中國篆刻網》組織策劃並主持「全國當代篆刻藝術大展徐州講習班」。二〇〇七年三月，老漢篆刻作品在《中國書畫》雜誌專題介紹。二〇〇七年三月二十二日至二十三日，作為中國篆刻網總版主參加「全國當代篆刻藝術大展」評選現場報導。同年五月九日，篆刻作品應邀參加「全國當代篆刻藝術大展」併入選作品集。二〇〇〇年出版《當代篆刻作品集・老漢卷》。

《當代名家印譜・趙立新卷》二〇〇八年十月出版。全書分為題籤題詞、作品、附錄三部分，篆刻百餘方。

趙立新書法、篆刻作品數十次在全國參展並獲獎，出版《中國篆刻百家・趙立新卷》《老漢・趙立新篆刻集》《趙立新楊中良書畫聯展》，篆刻收入《遼寧省篆刻作品集》等。

▲ 趙立新書法作品

激情滿懷詠真情——詩人璞玉文

璞玉文（1967 年－　），筆名玉文。吉林省柳河縣人。柳河縣第二屆文聯主席，現為藝術顧問。吉林省作家協會會員，通化市作家協會會員，柳河縣作家協會顧問，月刊《河邊柳》顧問。

璞玉文少年時代就愛好文學，他總是充分利用時間，閱讀古今中外文學名著，誦讀唐詩、宋詞、元曲，特別對現代著名詩人的名著百讀不厭，如郭沫若的《女神》《星空》《百花齊放》，聞一多的《紅燭》，艾青的《黎明的通知》，李季的《王貴與李香香》，聞捷的《復仇的火焰》，田間的《趕車傳》等，他反覆吟誦，用心揣摩，不由得拿起筆寫起詩來。面對家鄉綿延起伏的崇山峻嶺，日夜奔湧的溪水河流，一望無際的田野村莊，他覺得是那麼富有詩情畫意！進入師範學校後，寫詩就更成為他課餘閒暇時的樂趣，他寫短詩，寫抒情詩，入夜不眠，還在仔細推敲，尋覓詩意……

一九八七年畢業於吉林省海龍師範學校。在校就讀期間他開始詩歌創作，並當選校文學社秘書長。一九八六年在《中師生文學》刊物上發表長篇詩評，是該校建校以來首次有人在全國性刊物上發表作品，作品被學校珍藏。從此他一發不可收拾，筆耕不息。

參加工作後，璞玉文把對生活的所感、所思、所悟，凝注於筆端，記錄了自己的心路歷程。多年

▲ 璞玉文

來共創作詩歌、評論五百多首（篇），成為詩歌來源於生活，高於生活的深層次實踐者。作品散見於《中師生文學》《參花》《中國農民報》《吉林日報》《新文化報》《通化日報》等。二〇一〇年和二〇一三年分別為「柳河春晚」「柳河群眾文藝會演」等創作朗誦詩《我愛你，我的柳河》《攻堅》等，並引起較大反響。

二〇一四年六月十三日，他在《吉林農民報》發表長詩《大山裡的味道》，全詩分為三部分：邀請、點菜、開席，點菜是全詩的主體，點的是：小根蒜炒雞蛋，柳蒿芽拌香蔥，大葉芹餡餃子，爆炒山蕨菜，燉煮蘑菇醬，杏黃菇餡大包子，松樹傘燉笨雞，野果大拼盤。好啊！清一色的綠色食品，鮮綠，清新，純香，營養價值高，價廉物美，詩意盎然，食慾強烈，飽眼福，食果腹，心情舒暢，這不是「野味」，是「山珍」，可以和「海味」相媲美。不，這是「文化大餐」，品出來香味，吟出來詩味。這就是詩人的本色。全詩構思巧妙，立意創新，語言樸實無華，自然流暢，不失幽默。抒情、記敘、描寫、議論相結合，全詩渾然一體，讀後能讓人品出「大山裡的味道」，讓人吟誦這大山裡的詩才是真正的詩。

二〇一三年以來，璞玉文又對二〇〇七年以來的詩歌作品進行了系統歸納和整理，編撰成詩集《心靈寫生》，並出版發行。全詩分三個篇章：第一篇章為心靈之根，描繪了家鄉柳河的發展變化；第二篇章為心靈之光，描繪了祖國各地的優美風光；第三篇章為心靈之所，描繪了個人心靈的獨特感悟。整個詩集既是璞玉文心靈的寫生，更是他心靈的結晶。

璞玉文的詩經常給人以「柳暗花明又一村」的感覺，失望之中蘊含希望；坎坷之中鋪就坦途，讓人增添無窮的力量。如他的代表作《夏天，一個炎熱的午後》：

黃色直射的陽光讓乾涸的池塘擠不出一滴清淚

一群灰褐色的麻雀，無聲地飛落在低垂的樹上昏昏欲睡

一隻紅綠相間的蜻蜓關閉了焦渴的心扉

艱難地振動著殘缺的翅膀在半空中，搖搖欲墜

燥熱的鋪滿黃沙的村路上

一條冷豔不知名的蛇橫穿而過，讓人聞到了一絲涼涼的氣味

一隻隻灰白色的忙碌的螞蟻，搬著家，忘記了疲憊

向著高而又高的目標無怨無悔

突然，遠處，有銀色耀眼的閃電

伴著沉悶的雷聲，打破了常規

黑色的暴雨像一群受驚的犛牛，滾滾而來，你趕我追

霎時，天地渾然一體

是宇宙間最難得最親密的相會

歡天喜地中萌發著希冀

秋天，一定是碩果纍纍

此詩立意新穎，筆觸細膩，麻雀、蜻蜓、蛇、螞蟻在人們的眼裡是那樣微不足道，但在詩人的筆下卻富有靈性，與人類同屬一個世界，人與生物和諧相處，天人合一，地球村才能永保青春。

蘭亭風韻有傳人 —— 書法家黃彥平

　　黃彥平（1968 年 -　），吉林省柳河縣人。中國書法家協會會員，吉林省書法家協會理事、創作評審委員，省政協書畫院特聘書法家，吉林省十大青年書法家。

　　黃彥平精通楷書、行書、草書。他的楷書從顏楷入手，循序漸進，得其沉雄崎嶇的用筆，法度嚴謹的結體，再習王羲之的小楷《黃庭經》等優秀小楷範本，得優美字形，精到之處。行書從二王法帖入手，練就基本功，尤喜二王手札，今取董其昌，以帖學為主，精研細鑿，用功甚勤。觀其作品，氣韻十分，以柔克剛，重功力、內力，精熟而綿裡藏針，往往是信手之筆也法度嚴謹，姿態橫生。隸書咀嚼於曹全、禮器及張遷諸碑，用筆方圓相兼，方中有圓，圓中帶方；字形方扁結合，有收縮，有伸展，外形給人「笨拙」的感覺，實為大巧若拙，精神內斂。

▲ 黃彥平

黃彥平在《書法報》等報紙雜誌發表論文數十篇，就書法創作、欣賞等多方面進行闡述、探索、研究，見解獨到，為人稱道。其中《也談學書》（2013 年 8 月 14 日第 32 期《書法報》）講了學書的經驗，一是選帖。選擇適合自己個性氣質的優秀法帖，如王羲之父子的名帖、孫過庭《書譜》，成為日課，臨習不輟。二是入神。形神兼備。其中更重要的是要解決筆、墨、紙的問題。以《書譜》為例，毛筆要選擇狼毫或兼毫短鋒，不可用長鋒羊毫；紙張不能選擇生宣，應選擇不太吸墨的熟紙；字形儘可能和原字相近為好，適當放大亦可。三是反思。通過反覆臨寫發現問題和解決創作過程中遇到的困惑。學習二王兼習隸書、漢簡、章草等，做到博采，並將專一與博采有效結合。

黃彥平注重臨帖，夯實基礎，從楷書入手，掌握書寫規律後，練寫行書，由楷書、行書奠基，再練草書，以王羲之、王獻之為本，以孫過庭《書譜》為準，感悟筆意，揣摩寫法，取精用宏，循序漸進。他在從傳統性到現代性的演進過程中，日趨成熟，形成自己獨特的書法藝術風格。其作品參加二〇一三年全國首屆「沈延毅獎」書法作品展並獲優秀作品獎，並收入《全國首屆「沈延毅獎」書法篆刻作品展作品集》。作品為《古

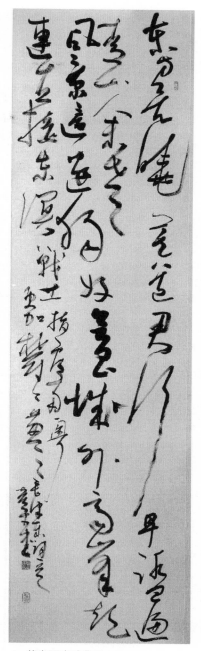

▲ 黃彥平書法作品

人論書數則》，係草書，立幅四段，筆勢流暢，點畫隨心，從容不迫，字近五百，字形大小勻稱，濃淡相間，富有跳動的韻律感，形神兼備。其書一任自然，張弛有度，陽剛與陰柔合二為一，天人合一，看來繼承傳統又能大膽創新，行大道，求大美，感悟時代，才能升華書藝，與時俱進。

多年來，黃彥平的書法作品先後入展全國第六、第七、第九、第十屆美展，第七、第八屆中青展，第一、第二屆正書展，第三、第四屆楹聯展，第一、第二、第三屆扇面書法展，第三屆新人展，首屆書法蘭亭獎，首屆、第二屆冊頁展，第二屆草書展，千人千作展，第八屆國際書法交流展，當代名家工程五百家精品展，二屆青年展，全國首屆楷書創新論壇暨書法名家邀請展，首屆手卷展，紹興第二屆蘭亭書法雙年展暨蘭亭雅集四十二人展。

獲「新安杯」全國書法一等獎，第三屆「廉江地稅杯」書法一等獎，「信德杯」書法展全國獎，文化部亞洲藝術節最高獎，全國第十屆書法展獲獎提名，文化部二○一二群星璀璨‧全國群眾美術書法攝影優秀作品展一等獎，全國職工書法大展二等獎，一九九五年《書法導報》國際書法大賽專業組二等獎，「屈原杯」國際書法大賽二等獎，二○○七年正氣歌全國書法名家邀請展二等獎，首屆「平復帖杯」國際書法大賽三等獎，「龍崗杯」全國書法大賽銅獎，「烏海杯」國際書法大賽銅獎，第二屆東北亞國際書畫攝影展銅獎，沈延毅書法獎，「農行杯」三等獎，「高恆杯」全國書法大賽三等獎，「翁同龢杯」全國書法展三等獎，首屆北京「旅遊杯」書法大賽三等獎，全國第十屆書法篆刻作品展獲獎提名，吉林省萬副春聯大賽一等獎，吉林省黨政幹部書法展金獎，吉林省改革開放三十年書法大展一等獎等。

字正腔圓遏行雲——關東呂劇傳承人何新麗

　　何新麗（1970年- ），女，出生於梅河口市小楊鄉慶福村。一九八九年六月，考入柳河縣呂劇團。現為關東呂劇傳承人，國家二級演員。

　　何新麗學戲行當為青衣、閨門旦、花旦，在學藝和演出實踐中，精益求精，力求完美，逐步成為柳河呂劇團骨幹演員。其嗓音甜潤響亮，清純寬厚，演唱吐字清晰、流暢，剛柔兼濟，演姿靚麗、活潑，聲情並茂。從藝二十多年來，曾主演過傳統呂劇《姊妹易嫁》《借年》《井台會》《小姑賢》《喝面葉》等，二人轉《八戒拱地》《回杯記》《洪月娥做夢》等。

　　獲一九九七年慶香港回歸全省文藝會演三等獎，二○○九年全省新農村建設文藝會演優秀獎，一九九二年通化青年戲曲大賽一等獎，二○○八年通化市

▲ 何新麗

紀念改革開放三十週年文藝會演三等獎，二〇一二年通化市「呂劇傳承創新獎」，二〇一三年，通化市「雪花讓夢飛翔 群眾才藝大賽」三等獎，二〇一四年，通化市農民文藝會演曲藝類優秀獎。

何新麗從小就喜歡唱戲，九歲開始登台獻藝，十幾歲即嶄露頭角，用一句行話說「天生就是吃這碗飯的」。她的經歷算是新中國成立後出生的這一代戲曲演員的典型代表，生在新中國，長在紅旗下，沒有自小餓肚子跑江湖的經歷，因此能更加專注地投入學戲唱戲中，藝術更加純淨，追求也更加地廣博高遠。

年輕時的何新麗更是透著一股靈氣，不滿足於女演員「外形漂亮嗓音甜美」的一般要求。她是個善於用「腦」的人，經常琢磨戲本，研究人物性格，喜歡突破自我。在《小姑賢》這部劇中，她小小年紀卻飾演年邁的姚氏，把姚氏如何疼愛自己的女兒，視兒媳為眼中釘，經常打罵，逼兒子休妻，但最後聽從女兒勸說，改過自新，婆媳和睦……表現得淋漓盡致，將人物塑造得生動形象。她在情緒上琢磨，將姚氏對女兒和媳婦二人的矛盾心理細膩地呈現出來；她在唱功上琢磨，研究呂劇的發聲、行腔、用韻等特點；她請教同事、諮詢老師，取各家之長，吸納總結前人的經驗……對於唱好呂劇，何新麗有自己的一套經驗：字正腔圓，不能讓觀眾聽不清唱的是啥；科學發聲，該清亮時清亮，該渾厚時渾厚，要用氣去唱，而不是單純地吼；唱呂劇就像和麵一樣，使巧勁、韌勁，順著戲脈戲韻唱，就像和弦音，讓人回味無窮。

如今的何新麗也已算得上是柳河呂劇界的「老人兒了」，在劇團工作二十多年來，她不計風雨，不論寒暑，堅持隨團下鄉，為群眾送戲上門。她以傳承呂劇藝術為己任，她把德藝雙馨作為畢生追求的奮鬥目標，發揚呂劇深厚民族文化傳統，體現呂劇的地方特色。大練戲劇基本功，創新呂劇藝術，汲取二人轉、歌曲的營養，繼承東北方言通俗幽默特點，表演不拘泥於戲劇藝術的程式化，使人物形象更加真實細膩，使呂劇更加貼近生活，不斷提高表現力和感染力，讓呂劇事業後繼有人，長足發展。

編演雙佳技藝精——關東呂劇創新人李強

　　李強（1971 年 -　），滿族。吉林
省柳河縣人。國家二級演奏員。一九八
九年參加工作，長期從事基層文藝工
作。二○一一年任呂劇團團長、黨支部
書記，二○一二年任柳河同源關東呂劇
文化傳播有限公司經理。

　　多年來，李強潛心鑽研，刻苦磨
礪，博采眾長，兼收並蓄，在他的帶動
下使柳河關東呂劇文化得到很好的傳承
和發展，也使越來越多的人瞭解呂劇、
喜歡呂劇，並開始傳承呂劇。他曾參與
策劃組織全縣群眾文藝演出、新春茶話
會、徒步節、採摘節、書法藝術節、廣
場文化周等文化活動。參與創作演出呂

▲ 李強

劇小品《我要上春晚》《拆遷風波》《冷暖懸殊》《逛新城》《長大後我就成了你》
等劇目。

附：呂劇小品《拆遷風波》（節選）

　　（根據《拆違風波》改編）

　　時間：二○一二年初

　　地點：丁大爺家

　　人物：丁大爺　六十多歲　　　　拆遷戶

　　　　　丁大娘　六十歲左右　　　丁大爺老伴

魏　民　四十多歲　男　拆遷辦科長

小　董　三十歲左右　女　人口計生局幹部　（包保幹部）

【幕啟，丁大爺上】

爺：（唱）

　　　　　小平房整整住了三十年，

　　　　　正趕上棚戶改造大拆遷。

　　　　　小賣店搭的偏廈沒房照，

　　　　　想拆遷要間門市賺點錢。

　　　　　這幾天鄰居先後把協議簽，

　　　　　我還是死頂硬抗不算完。

　　　　　老丁頭真的成了「釘子戶」，

　　　　　倒叫我左右不定進退難。

（白）左鄰右舍都搬得差不多了，我估摸著再頂一頂，興許這門市房就能到手....

【丁大娘風風火火上】

娘：老頭子、老頭子，拆遷辦的又來了，這回人比上次多，是不是要動真格的了？

爺：沉住氣。

娘：差不多就行了，左鄰右舍都搬走了，就剩咱這幾戶，你還能頂到啥時候，再說人家拆遷辦魏科長答應給咱補償，你非拿偏廈向人家要門市房....

爺：扛了這麼多天就算完了？老娘們懂個啥，沒了小賣店你喝西北風啊？他們來了我有辦法對付他們……

娘：你有啥辦法？

爺：我裝病、你上吊啊！

娘：上吊？我說你這個老頭子……

爺：俗話說，一哭二鬧三上吊，頭兩個法試過了，不行，今天我配合你，

咱用第三個法，上吊！

娘：那你怎麼不上吊？

爺：你什麼時候看過大老爺們上吊，上吊都是老娘們的事。

娘：要是上吊沒人攔著我，我真吊死怎麼辦？

爺：這個虎娘們，你尋思真吊啊！就是比畫比畫、嚇唬嚇唬他們就行了。

娘：我不會比畫，你說怎麼比畫？

爺：你聽我的，等他們來了，我先裝病，到關鍵時刻，你看我一拍腦門你就喊上吊。

娘：噢，你一拍腦門我就說上吊？

爺：對對！咱先試試。

【爺拍腦門】

娘：（溫柔地）我要上吊。

爺：哎呀，太假了。

娘：哎呀，我不會……

【二人爭吵，幕後魏喊】

魏：丁大爺在家嗎？

娘：來了來了。

爺：快點、快點，做好準備。

【丁大爺躺坐在椅子上，用毛巾矇住腦門。魏民與小董上。】

魏：喲，丁大爺怎麼啦，前天來跟我吵吵的還挺有勁，今天……

娘：噢……他這是讓拆遷鬧的，陳年老病附件炎又犯了，一聽你說話就犯病，一犯病就頭疼。

【小董笑得直不起腰】

董：大娘，附件炎是婦女得的病，你怎麼還安到大爺身上了？

娘：反正……反正……就是附件炎，人除了身子，這腦袋、胳膊、腿不都是附件嗎？

【大爺見這招不靈，一下把毛巾拽下站起來。】

爺：喲，又搬兵來啦，說吧，我提的條件到底答不答應？

魏：我忘了介紹，這是人口計生局的小董……

【大娘急忙把小董拉到一邊】

娘：同志啊，大娘可不能再生育了，就不用再計劃了吧？

董：大娘，我是這片拆遷的包保幹部，不是來搞計劃生育的……

清秀端正字最工——書法巾幗宋延來

　　宋延來（1973 年 -　），女，吉林省通化市人。中國書法家協會會員，吉林省書法家協會婦女工作委員會委員，柳河縣書法家協會副主席兼婦女書法委員會主任。書法作品尤以小楷、行書成就最高。二〇一〇年至二〇一三年曾在新疆工作生活，現居柳河。

　　宋延來書法基礎紮實，端莊大方，一筆不苟，剛柔兼濟。其於二〇一〇年五月參加《全國書法名家邀請展》，入展作品《古文片段》，行書。觀其書法令人耳目一新，溫馨氣息撲面而來，不受規矩束縛，猶如「清水出芙蓉，天然去雕飾」，字體橫生自然情趣，給人疏曠清爽的美感，是在心境完全放鬆隨心就勢所書，顯得天真率意，別有一番情趣。

　　其於二〇一一年參加中國‧通化松花硯石文化藝術節中國書法名家邀請展，入展作品《詠松花石》，楷書。筆法精細，結體準確，點畫穩健，取法純正，

▲ 宋延來

▲ 宋延來作品

功力深厚，在嚴謹典雅的筆墨中顯現出輕鬆飄逸的效果，體現清新生動的個人特徵。

二〇〇六年入展全國第四屆婦女書法展。二〇〇七年入展吉林省首屆篆刻展。二〇〇八年入展第三屆商鼎杯全國書展，入展中國硯都杯、吉林省書法展獲得銀獎。二〇〇九年入展第三屆蘭亭堯山新人展、第二屆果欣杯全國書法展、清風杯書畫展、文化廟裡第四屆書法展、芮城永樂宮第二屆書畫藝術節書法展、「百年蘭大」杯全國書展，在「義海杯」全國書法展獲優秀獎，吉林省臨帖展獲得銅獎、建文杯書法展獲得銅獎。二〇一〇年入展第三屆扇面展、烏海杯當代書法展、首屆屈原杯書法大賽。二〇一一年入展全國首屆手卷展、全國第十屆國展、「臨川之筆」人防杯書法展、新疆第十一屆臨帖展、獲「金娜斯杯」全國婦女書法繪畫邀請展並獲金獎。二〇一二年入展全國第五屆婦女書法展，參加中國書法之鄉十八家書法作品聯展，書法作品獲克拉瑪依杯全國書法大賽金獎。二〇一三年入展全國首屆臨帖展、全國首屆楷書展、「雲峰獎」全國書法展、「蔡文姬獎」全國書法展、「三蘇獎」全國書法展、「鍾繇獎」全國書法展、獲「農行杯」全國書法展二等獎。

筆走龍蛇氣勢雄——書法家李慧斌

　　李慧斌（1977 年 -　　），吉林省柳河縣人。吉林大學歷史學（書法方向）博士、副教授。現執教於青島農業大學藝術學院。係中國書法家協會會員、山東省書協學術委員會委員、中國顏體書法研究會理事、首都師大書法院訪問學者、中央美術學院博士後。

　　李慧斌書法研究與創作並重，先後發表四十餘篇學術論文，出版學術專著一部。曾獲「第四屆中國書法蘭亭獎」理論獎一等獎，「第八屆中國文聯文藝評論獎」一等獎，「全國第七、第八屆書學討論會」二等獎，山東省最高藝術獎「第五屆泰山文藝獎」三等獎，山東省書協頒發的「書法研究學術貢獻獎」「書法創作成就獎」等。作品入選文化部「中國當代百名博士百米書畫長卷」展覽。書法創作以篆、隸、行草和大字榜書為主，作品多次在各類展覽中展出，並在專業期刊上發表及專題介紹。

　　李慧斌致力書法學術研究，撰寫了許多學術論文。二〇〇五年，李慧斌論文《宋代的書法辨偽及其學術意蘊》獲中國書法家協會主辦的四年一屆的書法理論最高獎。

　　同年李慧斌論文《書法美育：二十一世紀中國高校公共藝術教育可持續發展的必然選擇及其價值重建》於二〇〇五年九月獲教育部「全國第一屆教師藝術教育科學論文」三等獎；同時，此篇論文獲山

▲ 李慧斌

風檣長空暮雪晴江
煙洗盡奇條輕樟前
數片早人掃又得土窓
一夜明　唐詩一首　慧斌

▲ 李慧斌作品

東省一等獎。

二〇〇六年，李慧斌論文《米芾〈書史〉所論宋初科舉「謄錄」制度與「趣時貴書」現象之真實關係的考證》發表於《書法研究》；論文《宋初「書判拔萃」考》發表於《東方藝術·書法3》；《借書喻事、用心良苦——歐陽修及其〈與石推官書〉》，發表於《書法》；《師道與批評——歐陽修、蘇東坡、黃庭堅書法批評特色管窺》載《北方書法論叢》。

二〇〇七年一月，李慧斌獲山東省書法家協會授予的書法研究貢獻獎。是年論文《唐宋翰林書待詔及其書法研究》載入《第三屆全國書法研究生學術周暨博士論壇論文集》；《宋代制度史層面的書法史研究》獲「全國第七屆書學討論會」二等獎；二〇〇七年八月一日，論文被《書法導報》全文轉載；二〇一一年出版《宋代制度視閾中的書法史研究》。

藝高膽大出珍品 —— 民間技藝家鞠漢蛟

　　鞠漢蛟（1979 年 -　 ），吉林省工藝美術協會會員，通化市民間文藝家協會會員，通化市工藝美術協會會員。一九九一年參加中國第六屆根藝美術作品展榮獲「劉開渠根藝獎」銅牌獎。

　　挑扁擔、壓水井、糖葫蘆、叼煙袋鍋、吹竹笛、拉胡琴，一個個活靈活現的泥娃娃出自泥人愛好者鞠漢蛟的手。近二十年與泥人相伴的生活，讓他和泥巴結下了深厚的情緣，一塊泥巴拿在手中，隨意捏幾下，就會變成一件精美的工藝品。三十五歲的鞠漢蛟多才多藝，不光捏泥人、做根雕、手撕書法樣樣精通。一九九七年，中國第六屆根藝美術作品展在北京舉行。鞠漢蛟帶著他的根雕作品「靈魂」在展覽比賽中榮獲「劉開渠根藝獎」銅牌獎，十九歲的他成了當時獲獎作者年齡最小的一個。二〇一三年參加第八屆民間藝術博覽會，作品受到高度關注和好評。二〇一四年通化市「傳承文化・共築夢想」美術、書法、攝影、民間藝術作品展中，泥塑作品「關東八大怪」獲一等獎，手撕書法

▲ 鞠漢蛟參加第八屆民間藝術博覽會

「般若波羅蜜多心經」長卷獲二等獎，手撕書法「觀魚知道性，養鶴悟禪心」獲三等獎；二〇一五年通化市「弘揚社會主義核心價值觀」主題剪紙大賽《雙手托起明天的太陽》獲銀獎，《治國語錄》《中國騰飛》《手撕價值觀書法》獲銅獎。

鞠漢蛟不僅自己喜愛藝術，同時也帶動身邊的家人共同研究創作。他的妻子康亞軍，現年三十三歲，通化市文藝家協會會員，通化市工藝美術家協會會員。二〇一四年作品葫蘆臉譜「五福臨門」獲通化市「傳承文化，共築夢想」美術、書法、攝影民間藝術作品展三等獎。康亞軍最喜歡在葫蘆上進行臉譜創作，不光因為臉譜本身五顏六色好看，更主要是它所具有的獨特文化意義和藝術魅力。一張臉譜簡單的線條、鮮豔的色彩、誇張的形象，把劇中人物的個性、年齡、身分、忠奸淋漓盡致地表現出來。

如今鞠漢蛟夫妻二人最大的願望就是把他們的泥塑、手撕書法、葫蘆臉譜創作技藝傳播到社會、學校，傳給那些喜愛藝術的人們，讓這些民間技藝真正地傳承發揚光大。

▲ 鞠漢蛟的泥塑作品

厚重遒勁見真功——青年書法家黃彥軍

　　黃彥軍（1980 年 -　），吉林省柳河縣人。中國書法家協會會員，吉林省書法家協會會員，柳河縣書法家協會理事。

　　黃彥軍自幼酷戀書藝，後得益於其兄著名書法家黃彥平悉心教導。由褚遂良《雁塔聖教序》入手，深浸魏晉，於唐宋用力尤勤。其書作嚴謹古樸、厚重雄健有序、委婉柔韌現妙。工作雖忙但他仍擠時筆耕，寒暑無間，終年臨池不輟。字如其人，他教學工作認真負責，腳踏實地，努力精進，因善文，真語人生，翰墨洗心，給人以精神、給人以啟

▲ 黃彥軍

迪、給人以境界；其書藝，墨緣意趣中求神韻，灑脫飄逸。習書養德，泛愛眾，廣交友，與人為善，成人之美，至始修練其光彩人格；培養的學生在各級各類書法比賽中均取得較高成績，多次被評為優秀指導教師。論為人，心地善良，淡泊名利，卓識高遠，助人而不圖報。古人云：「一字見其心。」書品代表人品，豐富的學識及修養，亦滋養了他在書法、攝影、繪畫等多方藝術的較高造詣，尤其極具特點書法作品，皆紮根於他二十餘載的苦修勤耕，得道於兼收並蓄、廣學博采、勤勉問津。其行筆作書，落筆結體，廣融眾家於一爐，追摹歷代諸家法帖於一體，研習「魏碑」之真諦，求其風神，動其幽意，感其韻律，以致書作蒼勁老辣，神態多姿，瀟灑練達，舒逸樸實，動靜相依，剛柔並濟，自成一體。正可謂：藝壇高處不勝寒，芳草遍人間！

▲ 黃彥軍作品

黃彥軍工行書、楷書，以楷書取勝。其參加第一屆全國蘭亭學校師生書法作品展獲獎作品是《毛澤東詩詞選抄》，係楷書。字形略呈扁平，有隸書筆意，可謂熔楷、隸於一爐，深得漢隸與晉楷精髓，楷書結構，隸書波畫，巧妙結合，天衣無縫，出神入化。

書法作品入展「信德杯」書法展、全國「王安石獎」書法作品展、全國首屆楷書作品展、第八屆全國中小學書法展。

書法作品獲首屆「滄海獎」全國書法作品展一等獎、第二屆全國（重慶銅梁）教師書法作品展一等獎、「誠信稠江」浙江省硬筆書法大賽銅獎、全國首屆和諧社區書法篆刻作品展二等獎、魅力德州第二屆硬筆書法篆刻大賽二等獎、「農商銀行杯·詩書畫影歌伊川」大型文化創作巡展三等獎、「瑞中杯」慶祝建黨九十週年全國大型書畫展優秀獎、汕頭市「潮人杯」全國書畫大賽優秀獎、紀念毛澤東誕辰一百二十週年《沁園春·雪》全國職工書法命題創作展提名獎、第二屆「洛北春」杯電視書法大

賽名作收藏獎、紀念衙前農民運動九十週年「紅色衙前、創業沃土」中國書畫作品展優秀獎、第五屆「商鼎杯」全國書法大展優秀獎、第五屆「中國汝官瓷杯」書法類優秀獎、金城置業杯首屆蔡邕獎全國書法大賽優秀獎、吉林省第四屆臨帖展一等獎、慶祝改革開放三十週年吉林省書法大展獲銅獎、通化巨變六十年——「萬通杯」通化市書畫、篆刻藝術作品展一等獎等。

黃彥軍與柳河縣實驗小學學生丁諾分別獲第一屆全國蘭亭學校師生書法作品展優秀作品獎，黃彥軍獲「優秀指導教師」稱號。二人獲獎作品收入《第一屆全國蘭亭學校師生書法作品展作品集》。二〇一四年八月三日至九日，黃彥軍、丁諾作為中國青少年書法代表團成員免費去日本交流書藝。

二〇一一年十二月參加《人間正道是滄桑——紀念毛澤東誕辰一百二十週年書畫藝術展》，入展作品《毛澤東詩〈沁園春・雪〉》，行草，濃墨厚重，結體自然，收筆穩妥，從容不迫，最見精神。行草難於和諧，難免雜糅，以致不倫不類。而黃彥軍顯得老練，注重筆勢緩急輕重，張弛有度，筆勢流動，抑揚恰到好處，使全篇形成有機整體，一以貫之，和諧融洽，無有瑕疵，可謂「功到自然成」。

吉林文庫 A0703A16

文化吉林：柳河卷　上冊

主　　編	莊　嚴	
版權策畫	李　鋒	
責任編輯	林以邠	
發 行 人	陳滿銘	
總 經 理	梁錦興	
總 編 輯	陳滿銘	
副總編輯	張晏瑞	
編 輯 所	萬卷樓圖書股份有限公司	
排　　版	菩薩蠻數位文化有限公司	
印　　刷	維中科技有限公司	
封面設計	菩薩蠻數位文化有限公司	

出　　版　昌明文化有限公司

桃園市龜山區中原街 32 號

電話　(02)23216565

發　　行　萬卷樓圖書股份有限公司

臺北市羅斯福路二段 41 號 6 樓之 3

電話　(02)23216565

傳真　(02)23218698

電郵　SERVICE@WANJUAN.COM.TW

大陸經銷　廈門外圖臺灣書店有限公司

　　電郵　JKB188@188.COM

ISBN 978-986-496-267-9

2018 年 1 月初版

定價：新臺幣 260 元

如何購買本書：

1. 轉帳購書，請透過以下帳戶

　 合作金庫銀行　古亭分行

　 戶名：萬卷樓圖書股份有限公司

　 帳號：0877717092596

2. 網路購書，請透過萬卷樓網站

　 網址　WWW.WANJUAN.COM.TW

大量購書，請直接聯繫我們，將有專人為您
服務。客服：(02)23216565 分機 610

如有缺頁、破損或裝訂錯誤，請寄回更換

國家圖書館出版品預行編目資料

文化吉林. 柳河卷 / 莊嚴主編.-- 初版.-- 桃
園市：昌明文化出版；臺北市：萬卷樓發
行, 2018.01

　 冊；　　公分

ISBN 978-986-496-267-9(上冊 ： 平裝). --

1.文化史　2.人文地理　3.吉林省

674.2408　　　　　　　　　107002125